によせて

　環境・社会・経済の観点から持続可能な状態を保ちながら発展していくことが，中小企業のサステナブル経営（あるいは，サステナビリティ経営）の本質です。大同生命が行っている企業調査「大同生命サーベイ」によると，サステナビリティ経営について名称・内容ともに知っているという回答は，2021年10月調査では16％でしたが，2023年10月調査では47％まで上昇しています。中小企業経営者の間でサステナブル経営は常識になりつつあるのです。

　一方で，本業に取り入れている企業はまだ９％にとどまっています。目標と現実の大きなギャップは，多くの中小企業が「困りごと」を抱えている現実を示しています。とくに，脱炭素化などの環境問題は避けられないものの，何から始めればいいのか途方に暮れている企業者も少なくありません。

　金融機関の皆さんにとって，これは大きなビジネスチャンスであり責任でもあります。取引先の強みと弱みをしっかりと理解した金融機関の皆さんだからこそ，取引先の困りごとを解決し，サステナブル経営を促進することが可能です。

　大同生命サーベイによると，サステナビリティ経営に取り組むにあたっての課題の具体的内容としては，「サステナビリティ経営に関する知識や，詳しい人材が不足」が最も多く，「取り組むための資金が不足，費用水準がわからない」，「取引先や親会社から求められていない」が続いています。逆に言えば，中小企業のサステナブル経営を促進するには，身近にいる皆さんが

「適切な相談先」として「社内人材の不足」を補って，必要な場合には「資金提供」していけばよいのです。

　実際，環境省の金融機関に対する「2023年度ESG地域金融に関するアンケート調査」によると，「金融業務におけるESGやSDGsの考慮に関心がある」という回答が94％でしたように，ほとんどの金融機関は組織としてサステナブル支援に関心を持っています。

　しかし，金融機関の皆さんにとって，サステナブル経営に対する支援は新しい課題ですし，国内外の議論の展開も非常に早く，まさに日進月歩で知識をアップデートしていかなければなりません。そのためには，本「サステナブル経営サポート」（環境省認定制度 脱炭素アドバイザー ベーシックに認定）に取り組まれることを第一歩として基礎知識を身につけてください。基礎からしっかりと学ぶことが，最先端の議論を理解し実行することにつながります。

　サステナブル経営支援の基礎知識を身につければ，金融機関職員としての仕事のやりがいを感じる機会が増えるはずです。皆さんの力によって，持続可能な社会を実現しましょう。

サステナブル経営サポート

検定委員長　家森信善

# はじめに

　世界的な気候変動の影響により，社会やビジネスの「不確実性」が高まるなか，2015年に国連サミットでSDGs（Sustainable Development Goals：持続可能な開発目標）が採択されました。また，同年に，国連気候変動枠組条約締約国会議（COP）においてパリ協定が採択されました。

　このような状況において，企業のビジネス・経営環境も大きく変化し，SDGsやESGといった社会的価値向上への取組みと企業の稼ぐ力の持続化・強化の両立を図るSX（サステナビリティ・トランスフォーメーション）の実現を目指した「サステナビリティ」（持続可能性）を重視した経営への転換が注目されています。

　金融機関においても取引先である企業からサステナビリティに関するアドバイスが求められるなど，今後さらに，金融機関の行職員にはサステナビリティに対する知識が求められています。

　そこで，経済法令研究会では，金融機関が取引先のサステナビリティへの取組みを支援するためのSDGsやESG，脱炭素等に関する基礎知識を身につけ，伴走支援に活かしていただくために，通信講座「SDGs・ESGの取組みに貢献するための取引先のサステナブル経営をサポートするコース」を提供しています。サステナビリティへ取り組んでいる取引先やサステナブル経営を目指している取引先への支援方法に不安がある人でも，国内外の動向や現状がわかるように解説した内容です。

　また，銀行業務検定試験において，金融機関行職員が主として取引先のサステナビリティを推進し，伴走支援をしていく上で必要とされる基礎知識と

実務知識について，その習得程度を測定するために「銀行業務検定試験 CBTサステナブル経営サポート」を2022年7月より開始，その後，2024年5月より広く各業界に向けた位置付けの試験として「サステナブル経営サポート」に改称しています。

　本書は，上記通信講座の内容に加え，「サステナブル経営サポート」の受験対策として，想定される出題内容に関連する基礎知識ならびに実務への応用を踏まえた解説や関連知識を掲載し，さらに本「新版」では，2023年10月より新しく開始された「環境省認定制度 脱炭素アドバイザー ベーシック」への対応のため，出題項目および解説内容を充実したものです。
　当分野の学習におきましては，本書および上記教材のほかサステナビリティ（持続可能性）に関する金融庁や経済産業省，環境省等の公開資料を適宜参照されることも，一層の理解に資するものとおすすめいたします。

　本書の活用により，「サステナブル経営サポート」（環境省認定制度　脱炭素アドバイザー　ベーシック）に合格され，もって日常の業務活動により一層邁進されることを祈念してやみません。

　2024年7月

経済法令研究会

# 目　次

## 取引先のサステナビリティへの取組みをサポートするための基礎知識

## 取引先のサステナビリティ課題への伴走支援

## 気候変動対策の重要性、排出量算定、削減目標に関する理解等

# サステナブル経営サポート 実施要項

「サステナブル経営サポート」（環境省認定制度 脱炭素アドバイザー ベーシック）の概要は，次のとおりです。

※本試験はCBT方式の試験であり，株式会社CBTソリューションズの試験システムおよびテストセンターにて実施いたします。

## ■試験の内容についてのお問合せ

銀行業務検定協会（経済法令研究会 検定試験運営センター）

　ＨＰ：https://www.kenteishiken.gr.jp/

　ＴＥＬ：03-3267-4821（平日9：30〜17：00）

　お問合せフォーム：https://www.khk.co.jp/contact/

## ■試験の申込方法や当日についてのお問合せ

受験サポートセンター（株式会社CBTソリューションズ）

　ＴＥＬ：03-5209-0553（8：30〜17：30　※年末年始を除く）

| 実施日程 | 2024年5月1日（水）〜2025年3月31日（月） |
|---|---|
| 申込日程 | 2024年4月28日（日）〜2025年3月28日（金） |
| 申込方法 | 株式会社ＣＢＴソリューションズのウェブサイトからお申込みください。（https://cbt-s.com/examinee/） |
| 受験料 | 4,950円（税込） |
| 会場 | 株式会社CBTソリューションズのテストセンターにて実施 |
| 出題形式・試験時間 | 三答択一式　50問　60分 |
| 合格基準 | 100点満点中70点以上 |
| 試験範囲 | 1．サステナビリティ経営支援の基礎知識<br>2．取引先のサステナビリティ課題の解決<br>3．取引先のサステナビリティを高めるための周辺知識<br>4．取引先の脱炭素化支援のための基礎知識 |

# 取引先の
# サステナビリティへの
# 取組みをサポートする
# ための基礎知識

## 〔問－1〕 企業の「サステナビリティ」とは

「サステナビリティ」に関する記述として，最も適切なものは次のうちどれですか。

(1) 「サステナビリティ」とは，今だけでなく将来にわたって，よりよい経済状況を保ち続けられる状態のことを指す。

(2) 近年，企業経営においても「サステナビリティ」の視点を経営面に取り入れようとする企業が増えている。

(3) 自社の利益をまず優先して，自社の事業活動が中長期的に社会に与える影響を考えながら，企業の成長とともに持続可能な社会の実現を目指すことが，企業の「サステナビリティ」に向けた取組みといえる。

### 解説＆正解

(1) 「サステナビリティ」という言葉を直訳すると，「持続可能性」という意味になる。今だけでなく将来にわたって，よりよい社会や地球環境を保ち続けられる状態のことを「サステナビリティ」という。経済状況だけを指すわけではない。したがって，(1)は適切でない。

(2) 選択肢のとおりである。したがって，(2)は適切である。

(3) 自社の目先の利益だけでなく，自社の事業活動が中長期的に環境・社会に与える影響を考えながら，企業の成長とともに持続可能な社会の実現を目指そうとすることが企業の「サステナビリティ」に向けた取組みといえる。

　　自社の利益を優先することが企業のサステナビリティに向けた取組みとはいえない。したがって，(3)は適切でない。

　以上，経済法令研究会「SDGs・ESGの取組みに貢献するための取引先のサステナブル経営をサポートするコース　TEXT」引用・参照。

正解　(2)

---

**〔問－2〕CSV（共通価値の創造）**

CSV（Creating Shared Value：共通価値の創造）の記述として，適切な組合せは次のうちどれですか。

① CSVは，企業が事業を通じて社会的な課題に取り組むことで自社の競争力を高める考え方である。

② 社会的な課題を解決する新しい商品やサービスの創出は，CSVの範囲外である。

③ CSVは，事業活動により得られた利益の一部を社会貢献活動に充てることで，社会的な課題に取り組む考え方である。

(1) ①は適切であるが，②，③は適切でない。

(2) ①，③は適切であるが，②は適切でない。

(3) すべて適切でない。

---

**解説＆正解**

① CSVは，企業の事業を通じて社会的な課題を解決することから生まれる「社会価値」と「企業価値」を両立させようとする経営フレームワークである。マイケル・ポーターの提唱したCSVでは，共通価値の概念について「企業が事業を営む地域社会や経済環境を改善しながら，自らの競争力を高める方針とその実行」と定義している。また，そこではコストを踏まえた上で社会と経済双方の発展を実現しなければならないという前提の下，「社会のニーズや問題に取り組むことで社会的価値を創造し，その結果，経済的価値が創造されるべき」というアプローチを提唱し，「企業の成功と社会の進歩は，事業活動によって結び付くべき」としている。わかりやすくいえば，社会の問題をビジネスで解決しようとする取組みである。したがって，①は適切である。

② CSVには，「製品と市場を見直す」「バリューチェーンの生産性を再定義する」「地域クラスターを形成する」の3つのアプローチがあるとされる。社会的な課題を解決する新しい商品やサービスの創出は，「製品と市場を

13

見直す」アプローチに該当する。したがって，②は適切でない。

③　CSVは，３つのアプローチによる事業活動そのものの革新を通じて，企業の収益力向上（企業価値）と，その事業活動による社会的な課題の解決（社会価値）を同時に達成しようとする考え方である。したがって，③は適切でない。

以上より，①は適切であるが，②，③は適切でなく，(1)が本問の正解である。

以上，中小企業庁「中小企業白書」（2014 年版）参照。

● CSVの３つのアプローチ

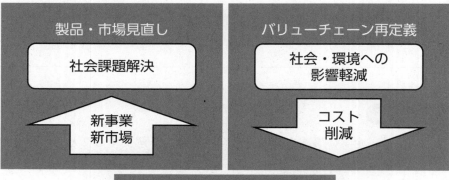

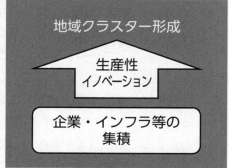

出典：Michael E. Porter, Mark R. Kramer "Creating Shared Value" Harvard Business Review, January-February 2011 より作成

正解　(1)

14

## 〔問－3〕 持続可能な開発

「持続可能な開発」の考え方として，適切なものは次のうちどれです
か。

(1) 今を生きる私たちが得る利益だけを優先するのではなく，将来の
世代もより良く生きる世界にするような開発をすべきである。

(2) 将来世代のために果たすべき責任は，先進国と途上国の間に差異
はない。

(3) 経済成長の持続を先行させることで，将来的に環境問題などを解
決するための技術開発の余力を蓄えるべきである。

### 解説＆正解

(1) 国連の「環境と開発に関する世界委員会」の報告（通称ブルントラント
委員会報告，1987年）において，「持続可能な開発」は，「将来の世代の欲
求を満たしつつ，現在の世代の欲求も満足させるような開発」と定義され
ており，世代間の公平性と世代内の公平性の考え方を含む。したがって，
(1)は適切である。

(2) 1992年地球サミットにおいて合意された「環境と開発に関するリオ宣
言」で，「地球環境の悪化への異なった寄与という観点から，各国は共通の
しかし差異のある責任を有する」（第7原則）との考え方が示されている。
したがって，(2)は適切でない。

(3) 「持続可能な開発」を実現するには，経済と人口の成長に伴う資源・エネ
ルギー消費量の増大や，廃棄物・大気汚染物質・温室効果ガスの排出等の
環境負荷を抑制し，「経済成長」と「天然資源の利用」や「環境影響」を切
り離すこと（デカップリングという）が必要不可欠である。したがって，(3)
は適切でない。

正解 (1)

15

## 「水蓮の池」のなぞなぞ

> あなたが池をもっていて，その中で水蓮を育てているとする。その水蓮は，毎日2倍の大きさになる。もしその水蓮がとどめられることもなく成長するならば，30日でその池を完全におおい尽くして，水の中の他の生物を窒息させてしまいそうだ。しかし，長い間，水蓮はほんの小さなものだと思っていたので，それが池の半分をおおうまで，それを刈ることにわずらわされまいと心に決めていたとする。いつその日が来るだろうか。

　これは，1972年に公表されたローマ・クラブレポート「成長の限界」で紹介されている，フランスの子ども向けのなぞなぞである。ここで，「池」は地球，「水蓮」は人類，「あなた」は現在世代のたとえである。

> 　答えはもちろん，29日目である。あなたは，あなたの池を救うのに1日しか残されていないのだ。

　当時の経済と人口の成長，これに伴う資源・エネルギー消費量と環境負荷の増大のペースが続くと，近い将来，人類が地球を食いつぶしてしまい，社会経済が破綻してしまう（成長の限界），残された時間はない，という危機感を表現したものである。

　持続可能性（サステナビリティ）は，こうした危機感を背景として，1972年の国連人間環境会議（ストックホルム会議）を皮切りに，すでに半世紀にわたり取り組まれてきた人類の課題であり，その過程において，持続可能な開発の概念が確立され（1987年），MDGs（ミレニアム開発目標）（2001年），SDGs（持続可能な開発目標）（2015年）へと展開されてきた。

─〔問-4〕ESG 投資 ─

ESG投資に関する記述として，適切な組合せは次のうちどれですか。

① ESGは企業価値を評価する視点で，環境（Environment）・社会（Social）・ガバナンス（Governance）の略である。

② 投資にESGの視点を組み入れることなどを原則として掲げる国連のイニシアティブを，責任投資原則（PRI）という。

③ PRI署名機関数・運用資産総額は急速に伸びており，2024年6月時点でのPRI署名機関数は5,319に達している。

(1) ②と③は適切であるが，①は適切でない。

(2) ②は適切であるが，①，③は適切でない。

(3) すべて適切である。

**解説＆正解**

① ESGは企業の非財務側面を評価する視点で，環境（Environment）・社会（Social）・ガバナンス（Governance）の略である。したがって，①は適切である。

なお，ESGの概念は，2003 ～ 2004年にUNEP（国連環境計画）金融イニシアティブのワーキンググループ（AMWG）における検討を通じて確立された（国連グローバル・コンパクトの報告書「Who Cares Wins：Connecting Financial Markets to a Changing World」等）。AMWGは9ヶ国・12社の民間資産運用会社で構成され，日本からは日興アセットマネジメント株式会社が参加していた。

② ESG投資は，従来の財務情報だけでなく，環境（Environment）・社会（Social）・ガバナンス（Governance）要素も考慮した投資のことを指す。日本においても，投資にESGの視点を組み入れることなどを原則として掲げる責任投資原則（PRI）に，日本の年金積立金管理運用独立行政法人（GPIF）が2015年に署名したことを受け，ESG投資が広がっている。したがって，②は適切である。

③　PRIは，UNEP金融イニシアティブと国連グローバル・コンパクトが連携した投資家向けイニシアティブであり，2024年6月時点でのPRI署名機関数は5,319に達している。したがって，③は適切である。

以上より，すべて適切であり，⑶が本問の正解である。

## ●6つの責任投資原則

1.　私たちは，投資分析と意思決定のプロセスにESGの課題を組み込みます
2.　私たちは，活動的な所有者となり，所有方針と所有習慣にESGの課題を組み入れます
3.　私たちは，投資対象の主体に対してESGの課題について適切な開示を求めます
4.　私たちは，資産運用業界において本原則が受け入れられ，実行に移されるように働きかけを行います
5.　私たちは，本原則を実行する際の効果を高めるために，協働します
6.　私たちは，本原則の実行に関する活動状況や進捗状況に関して報告します

## ●ESG要因の例示

| E：環境 | □気候変動<br>□資源の枯渇<br>□廃棄物<br>□汚染<br>□森林減少 |
|---|---|
| S：社会 | □人権<br>□現代奴隷制<br>□児童労働<br>□労働条件<br>□従業員関係（エンプロイー・リレーションズ） |
| G：ガバナンス | □贈賄および腐敗<br>□役員報酬<br>□取締役会／理事会の多様性および構成<br>□ロビー活動および政治献金<br>□税務戦略 |

## ●PRI署名機関数と運用資産額の推移

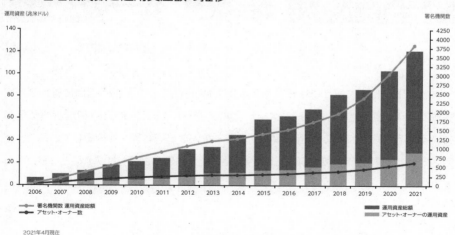

運用資産（兆米ドル）　　　　　　　　　　　　　　　　　　　署名機関数

凡例：
- 署名機関数 運用資産総額
- アセット・オーナー数
- 運用資産総額
- アセット・オーナーの運用資産

2021年4月現在

以上の図表の出典：国連「責任投資原則（PRI）2021」

正解　(3)

# GPIF（年金積立金管理運用機構）のESG投資と，運用機関が考える重大な ESG 課題

　GPIFは，厚生労働大臣から寄託された年金積立金の管理・運用を行い，その収益を国庫に納付することにより，年金財政の安定に貢献する組織である。2015年9月，GPIFはPRIに署名し，ESG投資を推進している。

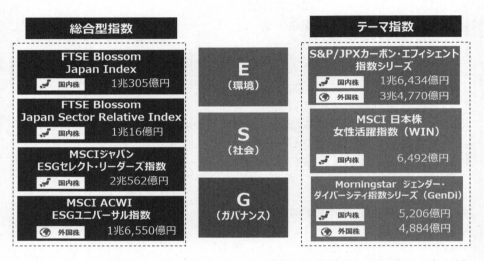

出典：ESG 指数に基づく GPIF の株式投資（運用額は 2023 年 3 月末時点）

　また，GPIFは，スチュワードシップ活動原則にもとづいて，運用機関に重大なESG課題について積極的なエンゲージメントを求めており，株式および債券の運用を委託している運用機関に，毎年，運用機関が考える「重大なESG課題」を確認している。各運用区分ごとの運用機関数の75％以上が挙げた「重大なESG課題」は次表のとおりとなっている。

取引先のサステナビリティへの取組みをサポートするための基礎知識

## ● GPIFの運用機関が考える「重大なESG課題」（2024年3月）

| | ESG課題 | 国内株式 | | 外国株式 | | 国内債券 | 外国債券 |
|---|---|---|---|---|---|---|---|
| | | パッシブ | アクティブ | パッシブ | アクティブ | | |
| E | 気候変動 | ◎ | ◎ | ◎ | ○ | ○ | ○ |
| | 森林伐採 | ○ | | ○ | | | |
| | 水資源・水使用 | ○ | | ○ | | | |
| | 生物多様性 | ◎ | △ | △ | △ | △ | |
| | 汚染と資源 | △ | | △ | | | △ |
| | 廃棄物管理 | △ | △ | △ | | | △ |
| | 環境市場機会 | △ | △ | △ | | △ | |
| | その他（環境） | | | | | | |
| S | 人権と地域社会 | ◎ | △ | ○ | △ | ○ | △ |
| | 製品サービスの安全 | △ | | | | | |
| | 健康と安全 | △ | △ | | | | |
| | 労働基準 | △ | △ | △ | △ | △ | |
| | 紛争鉱物（問題ある調達） | | | | | | |
| | 社会市場機会 | △ | | △ | | | |
| | その他（社会） | △ | | ○ | | △ | |
| G | 取締役会構成・評価 | ○ | ◎ | ○ | △ | △ | |
| | リスクマネジメント | △ | △ | △ | | | |
| | 資本効率 | ○ | ◎ | △ | | | |
| | 少数株主保護（政策保有等） | ○ | ◎ | △ | | | |
| | コーポレートガバナンス | ○ | ○ | ○ | △ | ○ | △ |
| | 腐敗防止 | △ | | | | | |
| | 税の透明性 | | | △ | | | |
| | その他（ガバナンス） | △ | △ | ○ | | | |
| E | サプライチェーン | ◎ | △ | ○ | | △ | △ |
| | ダイバーシティ | ◎ | ○ | ◎ | | ○ | |
| | 情報開示 | ◎ | ◎ | ◎ | △ | ○ | |
| | 不祥事 | ◎ | ○ | △ | | △ | |
| | その他 | △ | | | | | |

◎：100%　○：75％以上　△：50％以上

出典：年金積立金管理運用独立行政法人「GPIFの運用機関が考える「重大なESG課題」」より作成

┌─────────────────────────────────────────────────────
│ 〔問－5〕SDGs（持続可能な開発目標）
│
│ SDGsに関する記述として，適切な組合せは次のうちどれですか。
│
│ ①　SDGsは2015年9月の国連サミットで採択された「2030ア
│ 　　ジェンダ」に記載されている，途上国の持続可能な開発を支援する
│ 　　ための国際目標である。
│
│ ②　SDGsは2030年を目標年とし，17ゴール，169ターゲット
│ 　　で構成されている。
│
│ ③　SDGsの達成状況は毎年モニタリングされ，報告書が公表されて
│ 　　いる。
│
│ (1)　②，③は適切であるが，①は適切でない。
│ (2)　②は適切であるが，①，③は適切でない。
│ (3)　③は適切であるが，①，②は適切でない。
└─────────────────────────────────────────────────────

### 解説＆正解

①　「我々の世界を変革する：持続可能な開発のための2030アジェンダ」（以
　　下「2030アジェンダ」という）は，2015年9月，国連創設70周年を記念
　　する「国連持続可能な開発サミット」において採択された。2030アジェン
　　ダは，前文，宣言，持続可能な開発目標（SDGs）とターゲット，実施手段
　　とグローバル・パートナーシップ，フォローアップとレビューの5部構成
　　となっている。2030アジェンダは，「人間，地球及び繁栄のための行動計
　　画」であり，SDGsは「すべての人々の人権を実現」することを目指して
　　いる。途上国の持続可能な開発を支援するための国際目標は，その前身で
　　あるMDGs（ミレニアム開発目標）である。したがって，①は適切でない。

②　SDGsは2030年を目標年とし，17ゴール，169ターゲットで構成されて
　　いる。ゴールが実現すべき姿を17分野に分けて描いているのに対し，タ
　　ーゲットは各ゴールごとの達成指標や活動内容をより具体的に示したもの
　　となっている。したがって，②は適切である。

③　2030アジェンダのフォローアップとレビューのパートの規定にもとづ

いて，毎年「グローバル持続可能開発報告」が作成・公表されている。したがって，③は適切である。

以上より，②，③は適切であるが，①は適切でない。したがって，(1)が本問の正解である。

## ●SDGs17ゴール

目標1. あらゆる場所のあらゆる形態の貧困を終わらせる

目標2. 飢餓を終わらせ，食料安全保障及び栄養改善を実現し，持続可能な農業を促進する

目標3. あらゆる年齢のすべての人々の健康的な生活を確保し，福祉を促進する

目標4. すべての人々への包摂的かつ公正な質の高い教育を提供し，生涯学習の機会を促進する

目標5. ジェンダー平等を達成し，すべての女性及び女児の能力強化を行う

目標6. すべての人々の水と衛生の利用可能性と持続可能な管理を確保する

目標7. すべての人々の，安価かつ信頼できる持続可能な近代的エネルギーへのアクセスを確保する

目標8. 包摂的かつ持続可能な経済成長及びすべての人々の完全かつ生産的な雇用と働きがいのある人間らしい雇用（ディーセント・ワーク）を促進する

目標9. 強靱（レジリエント）なインフラ構築，包摂的かつ持続可能な産業化の促進及びイノベーションの推進を図る

目標10. 各国内及び各国間の不平等を是正する

目標11. 包摂的で安全かつ強靱(レジリエント)で持続可能な都市及び人間居住を実現する

目標12. 持続可能な生産消費形態を確保する

目標13. 気候変動及びその影響を軽減するための緊急対策を講じる

目標14. 持続可能な開発のために海洋・海洋資源を保全し，持続可能な形で利用する

目標15. 陸域生態系の保護，回復，持続可能な利用の推進，持続可能な森林の経営，砂漠化への対処，ならびに土地の劣化の阻止・回復及び生物多様性の損失を阻止する

目標16. 持続可能な開発のための平和で包摂的な社会を促進し，すべての人々に司法へのアクセスを提供し，あらゆるレベルにおいて効果的で説明責任のある包摂的な制度を構築する

目標17. 持続可能な開発のための実施手段を強化し，グローバル・パートナーシップを活性化する

**正解** (1)

┌─── 〔問－6〕 2030 アジェンダ ───
│
│ 2030アジェンダのタイトルとして，適切なものは次のうちどれで
│ すか。
│
│ （1） かけがえのない地球（Only One Earth）
│
│ （2） 我ら共有の未来（Our Common Future）
│
│ （3） 我々の世界を変革する（Transforming Our World）
│
└─────────────────────────────────

**解説＆正解**

(1)　1972年にストックホルムで開催された人間環境会議（通称ストックホルム会議）は，世界初の環境に関する国際会議である。同会議の主題はサステイナビリティ（持続可能性）であり，そのキャッチフレーズは，「かけがえのない地球」（Only One Earth）であった。経済成長とともに増え続ける人口，資源・エネルギー消費，環境汚染に，果たして地球がいつまで耐えられるのか，という問題意識を表したものであった。その後，1970年代〜80年代にかけて，持続可能性に関する議論が活発に行われるようになった。1980年代になると，人為起源温暖化による気候変動が理論的可能性ではなく現実的可能性と考えられるようになり，生物多様性（Biodiversity）という概念も誕生した。したがって，(1)は適切でない。

(2)　1987年に国連環境と開発に関する世界委員会（通称ブルントラント委員会）は，その報告書「我ら共有の未来」（Our Common Future）において持続可能な開発の概念を定義した。1992年，リオデジャネイロで開催された国連環境開発会議（通称地球サミット）では，アジェンダ21という行動計画とともに，気候変動枠組条約・生物多様性条約が採択された。2000年代に入ると，CSR（企業の社会的責任）への関心が高まり，2006年にPRI（責任投資原則）イニシアティブが開始され，2010年にISO26000SR（社会的責任）規格が開発された。2000年のミレニアムサミットの成果として，途上国の主としてベーシックヒューマンニーズの改善を目指すMDGs（ミレニアム開発目標）が設定された。したがって，(2)は適切でない。

(3)　2015年，MDGsの目標年に，国連創設70周年を記念する国連総会におい

て，2030アジェンダが採択された。この「新アジェンダ」に記載されているのがSDGs（持続可能な開発目標）である。2030アジェンダの正式名称は，「我々の世界を変革する（Transforming Our World）：持続可能な開発のための2030アジェンダ」である。SDGsが目指すもの，つまり究極のゴールは「すべての人々の人権の実現」である。2030アジェンダには，現在世代の責任と役割の大きさを表すものとして，「我々は，貧困を終わらせることに成功する最初の世代になり得る」「地球を救う機会をもつ最後の世代にもなるかもしれない」という記述がある。したがって，(3)は適切である。

● SDGsのルーツとビジョン

出典：有限会社サステイナブル・デザイン

正解 (3)

─── 〔問-7〕 ESG と SDGs の関係 ───

ESGとSDGsの関係に関する記述として，適切でないものは次のうちどれですか。

(1) ESG投資とSDGsは，どちらも環境問題の解決や多様な人々の活躍，教育や医療の普及などの実現を目指したものである。

(2) ESGは，投資家や金融機関が，企業の環境・社会に配慮した取組みを評価するための「ものさし（＝評価基準）」の役割を担っている。

(3) ESGとは，SDGsをなぜ推進するのかという問いに対し，明快な答え（目的）を示すものである。

**解説＆正解**

(1) 選択肢のとおり，ESG投資とSDGs（Sustainable Development Goals）は，環境問題の解決や多様な人々の活躍，教育や医療の普及などの実現を目指している。したがって，(1)は適切である。

(2) ESGは，企業が経営で何か重要なことを判断する際に（意思決定において），目先の利益だけでなく，環境や従業員，地域社会のこともよく考えられているかという「ものの見方」を指している。つまり，ESGは投資家や金融機関が，企業の環境・社会に配慮した取組みを評価するための「ものさし（＝評価基準）」の役割を担っているといえる。したがって，(2)は適切である。

(3) SDGsは「17個のゴールのためだ」という明快な答え（目的）を示すものであり，ESGはそのゴールに向けたプロセスで，そのプロセスが投資家などによって評価されることになる。したがって，(3)は適切でない。

以上，経済法令研究会「SDGs・ESGの取組みに貢献するための取引先のサステナブル経営をサポートするコース　TEXT」引用・参照。

**正解** (3)

## 〔問−8〕SDGs への取組みで期待される効果

SDGs への取組みで期待される効果に関する記述として，適切な組合せは次のうちどれですか。

① 企業が SDGs への取組みをアピールすることで，多くの人に「この会社は信用できる」，「この会社で働いてみたい」という印象を与え，企業イメージの向上につながると考えられる。

② 企業の生存競争がますます激しくなる中，今後は SDGs への対応が生存戦略になる可能性がある。

③ SDGs への取組みをきっかけに，地域との連携，新しい取引先や事業パートナーの獲得，新事業の創出など，今までになかったイノベーションやパートナーシップを生むことにつながると考えられる。

(1) ①，③は適切であり，②は適切でない。

(2) ①，②は適切であり，③は適切でない。

(3) すべて適切である。

### 解説＆正解

① 企業が SDGs への取組みをアピールすることで，多くの人に「この会社は信用できる」，「この会社で働いてみたい」という印象を与え，多様性に富んだ人材確保にもつながるなど，企業イメージの向上など，企業にとってプラスの効果をもたらすと考えられる。したがって，①は適切である。

② 企業の生存競争がますます激しくなる中，今後は、SDGs への対応がビジネスにおける取引条件や生存戦略になる可能性がある。したがって，②は適切である。

③ 選択肢のとおりである。したがって，③は適切である。

以上により，すべて適切であり，(3)が本問の正解である。

出典：環境省「すべての企業が持続的に発展するために− 持続可能な開発目標（SDGs エスディージーズ）活用ガイド−〔第2版〕」（2020年3月）

**正解** (3)

―〔問−9〕 SDGコンパス ―

SDGコンパスに関する記述として，適切な組合せは次のうちどれですか。

① SDGコンパスは，SDGsに取り組む企業のベストプラクティス集である。

② 企業がSDGsに取り組む最初のステップは，目標を設定することである。

③ SDGsの経営への統合において，持続可能性を事業戦略，企業風土および事業展開に組み込むには，各部門の支持と主体的な取組みが鍵を握っている。

(1) ①，②は適切であるが，③は適切でない。

(2) ①，③は適切であるが，②は適切でない。

(3) ③は適切であるが，①，②は適切でない。


### 解説＆正解

① 「SDGコンパス：SDGsの企業行動指針―SDGsを企業はどう活用するか―」は，企業がSDGsに取り組む手順を解説したガイダンスである。2016年4月にGRI（グローバル・レポーティング・イニシアチブ）・国連グローバルコンパクト・WBCSD（持続可能な開発のための世界経済人会議）が共同で作成した。したがって，①は適切でない。

② SDGコンパスでは，企業がSDGsに取り組む手順を，①SDGsを理解する，②優先課題を決定する，③目標を設定する，④経営へ統合する，⑤報告とコミュニケーションを行う，の5ステップに整理して示している。したがって，②は適切でない。

③ SDGコンパスでは，「各企業の持続可能な目標の達成にあたっては，持続可能性を専門とするチームや専門家が果たす役割も重要であるが，持続可能性を事業戦略，企業風土および事業展開に組み込むには，研究開発部，事業展開部，供給管理部，事業部，人事部等の各部門の支持と主体的な取

組みが鍵を握っている」（ステップ4 経営への統合）と示されている。したがって，③は適切である。

以上により，③は適切であるが，①，②は適切でなく，(3)が本問の正解である。

## ●SDGコンパスの構成

| ステップ | 内容 |
|---|---|
| ①SDGsを理解する | □ SDGs とは何か<br>□企業が SDGs を利用する理論的根拠<br>□企業の基本的責任 |
| ②優先課題を決定する | □バリューチェーンをマッピングし，影響領域を特定する<br>□指標を選択し，データを収集する<br>□優先課題を決定する |
| ③目標を設定する | □目標範囲を設定し，KPI（主要業績評価指標）を選択する<br>□ベースラインを設定し，目標タイプを選択する<br>□意欲度を設定する<br>□ SDGs へのコミットメントを公表する |
| ④経営へ統合する | □持続可能な目標を企業に定着させる<br>□全ての部門に持続可能性を組み込む<br>□パートナーシップに取り組む |
| ⑤報告とコミュニケーションを行う | □効果的な報告とコミュニケーションを行う<br>□ SDGs 達成度についてコミュニケーションを行う |

出典：「SDG コンパス：SDGs の企業行動指針 ―SDGs を企業はどう活用するか―」
より作成

正解 (3)

## 〔問－10〕循環経済

循環経済（サーキュラーエコノミー）の説明として，適切なものは次のうちどれですか。

(1) 循環経済は，従来から行われてきた3R（リデュース・リユース・リサイクル）の環境活動としての性質をさらに強化させようとする考え方である。

(2) 循環経済をリードするのは，廃棄物の減容化や有価資源の回収を目的とした静脈産業である。

(3) 循環システムの検討が急がれる分野の1つに「太陽光パネル」がある。

### 解説＆正解

　循環経済（サーキュラーエコノミー）とは，従来の「大量生産・大量消費・大量廃棄」のリニアな経済（線形経済）に代わる，製品と資源の価値を可能な限り長く保全・維持し，廃棄物の発生を最小化した経済を指す。

(1) 2020年5月，経済産業省が策定した「循環経済ビジョン2020」（以下「循環ビジョン」という）には，「環境活動としての3Rから経済活動としての循環経済へ」とする項目がある。『廃棄物の減容化という目的を超えてビジネスとして資源循環を進めるには至っておらず，「廃棄物処理・資源有効利用」分野の市場は約26％の拡大にとどまり，付加価値を生み出す産業となりきれていない。環境活動として3Rを実施していくことの限界を示しており，我が国の取組を，資源の高度な循環利用を基軸とした環境活動を取り込んだ経済活動，すなわち循環経済へと転換していくべき時が来ている』としている。したがって，(1)は適切でない。

(2)「循環ビジョン」では，静脈産業については『廃棄物減容化や有価資源の回収を目的としたリサイクルを行うのではなく，動脈産業がグローバルな市場・社会からの環境配慮要請に応えていけるように，あらゆる使用済製品を可能な限り高度な素材として再生し，動脈産業に供給する「リソーシング産業」としての役割が期待されている』と示されている。したがって，

(2)は適切でない。

(3) 「循環ビジョン」では，循環システムの検討が急がれる分野として，①プラスチック，②繊維，③CFRP（炭素繊維強化プラスチック），④バッテリー，⑤太陽光パネルの5分野が示されている。例えば太陽光パネルについては，「2012年に開始した再生可能エネルギーの固定買取価格制度（FIT）により大量に導入された太陽光パネルは，2035〜2037年頃に排出量のピークが訪れ，産業廃棄物の最終処分量の1.7〜2.7%に相当する年間約17〜28万トン程度が排出されると予測されている」と示されている。したがって，(3)は適切である。

## ●循環性の高いビジネスモデルの例

| 設計段階 | □リデュース設計（希少金属の削減や軽量化など）やリユース・リサイクルに適した設計（易解体設計やモノマテリアル化など）<br>□長期使用可能な製品・サービス設計（耐久性，アップグレード性，リペアラビリティ確保等）<br>□オーダーメイド型の製品設計による余剰機能の削減<br>□再生材，再生可能資源由来素材などの環境配慮素材の積極利用 |
| --- | --- |
| 生産段階 | □生産工程の最適化による生産ロス（端材など）の削減や端材・副産物の再生利用<br>□需要に応じた供給を徹底することによる販売ロスの削減 |
| 利用段階 | □リース方式によるメンテナンスまで含めた製品の有効活用<br>□IoTによるサービス化を通じた資産の運転効率や稼働率の向上，長期利用の実現（PaaS/MaaSなど）<br>□シェアリング等を活用した遊休資産の有効活用<br>□中古品のリユースやカスケード利用 |
| 廃棄段階 | □製品自主回収等を通じたリサイクルの推進<br>□産業廃棄物の削減・リサイクルの徹底<br>□水平利用など高度リサイクルの実現，廃棄物の性状に応じた最適なリサイクル手法の選択<br>□IoTを活用した廃棄物回収ルート・頻度の最適化 |

出典：経済産業省「循環経済ビジョン2020」（2020年5月）

正解 (3)

「すべての企業が持続的に発展するために－ 持続可能な開発目標（SDGsエスディージーズ）活用ガイド－〔第2版〕」における企業の持続可能性に関わる下記の文章の（　　）にあてはまる語句の組合せとして，適切なものは次のうちどれですか。

ESG投資においては，企業の社会課題への対応と企業価値のバランスが評価の基準となる。

これまでは，CSR（企業の社会的責任）を基本とし，さらに社会に対してどのような価値を創造しているかを問う（　①　）も重要な要素となっている。さらに，そこに新たに加わったのが（　②　）であり，世界が抱えている課題への対応の共通言語として用いることが期待されている。これらの概念の根本にあるのは「（　③　）」であり，これは企業の規模に関わらず，これからの企業の成長・発展・存続に重要な要素であるといえます。

(1) ①CSV（共通価値の創造），②SDGs（持続可能な開発目標），③持続可能性（サステナビリティ）

(2) ①SDGs（持続可能な開発目標），②持続可能性（サステナビリティ），③CSV（共通価値の創造）

(3) ①持続可能性（サステナビリティ），②CSV（共通価値の創造），③SDGs（持続可能な開発目標）

### 解説＆正解

環境省「すべての企業が持続的に発展するために－ 持続可能な開発目標（SDGsエスディージーズ）活用ガイド－〔第2版〕」（2020年3月）は，SDGsに関心を持ち，何か取組みを始めてみようと考えている，職員数や活動の範囲が中小規模の企業・事業者を主な対象としている。全体の構成は「企業を取り巻く社会の変化」「企業の持続可能性に関わる動き」「企業にとってのSDGsとは」「取組みの進め方」となっている。

　このうち，「企業の持続可能性に関わる動き」において，拡大するESG投資と持続可能性について下記のように述べられている。

　ESG投資においては，企業の社会課題への対応と企業価値のバランスが評価の基準となる。

　これまでは，CSR（企業の社会的責任）を基本とし，さらに社会に対してどのような価値を創造しているかを問うCSV（共通価値の創造）も重要な要素となっている。さらに，そこに新たに加わったのがSDGs（持続可能な開発目標）であり，世界が抱えている課題への対応の共通言語として用いることが期待されている。これらの概念の根本にあるのは「持続可能性（サステナビリティ）」であり，これは企業の規模に関わらず，これからの企業の成長・発展・存続に重要な要素であるといえます。

　以上により，(1)が本問の正解である。

**正解**　　(1)

国連グローバル・コンパクトに関する説明として，適切でないものは次のうちどれですか。

(1) 2000年7月に発足した国連グローバル・コンパクトは，署名した民間企業等に対し，人権，労働，環境，腐敗防止の4分野・10原則の順守を求めている。

(2) 国連グローバル・コンパクトに署名する企業・団体は，5年に1度，4分野・10原則の実践状況と成果に関する報告書を提出する義務がある。

(3) 4分野・10原則を実践する上で，社内のガバナンスだけでなく，調達活動を通じたサプライチェーンへの働きかけも重要な役割を果たす。

### 解説＆正解

(1) 2000年7月に発足した国連グローバル・コンパクトは，国連と民間（企業・団体）が手を結び，健全なグローバル社会を築くためのイニシアチブである。UNGCに署名する企業・団体は，人権の保護，不当な労働の排除，環境への対応，腐敗の防止に関わる4分野・10原則に賛同し，トップ自らのコミットメントのもと，その実現に向けて努力を継続することが求められている。したがって，(1)は適切である。

　なお，「コンパクト」は，英語では口約束と契約の中間くらいの強さの約束を意味し，グローバル・コンパクトという名称には「国家を超えた，国連事務総長と企業との約束」という意味が込められているとされる。

(2) 2024年6月5日末時点で，世界約168ヵ国・地域，24,955（日本では615）を超える企業・団体が署名している。署名企業・団体は，4分野・10原則の実践状況と成果に関する報告書を毎年提出することが義務として求められている。したがって，(2)は適切でない。

(3) 企業は製品，資材および原料などを購入・調達するにあたり，品質，性能，価格，および納期といった従来から重視されてきた自社事業の成果に

直結する項目に加えて，環境，労働環境，人権などへの影響を確認することが社会から求められている。これを実践するのがCSR調達・持続可能な調達を通じたサプライチェーンへの働きかけである。したがって，(3)は適切である。

●国連グローバル・コンパクトの4分野・10原則

| 人権 | 企業は，<br>原則1　国際的に宣言されている人権の保護を支持，尊重し，<br>原則2　自らが人権侵害に加担しないよう確保すべきである |
|---|---|
| 労働 | 企業は，<br>原則3　結社の自由と団体交渉の実効的な承認を支持し，<br>原則4　あらゆる形態の強制労働の撤廃を支持し，<br>原則5　児童労働の実効的な廃止を支持し，<br>原則6　雇用と職業における差別の撤廃を支持すべきである |
| 環境 | 企業は，<br>原則7　環境上の課題に対する予防原則的アプローチを支持し，<br>原則8　環境に関するより大きな責任を率先して引き受け，<br>原則9　環境に優しい技術の開発と普及を奨励すべきである |
| 腐敗<br>防止 | 企業は，<br>原則10　強要や贈収賄を含むあらゆる形態の腐敗の防止に取り組むべきである |

出典：グローバル・コンパクト・ネットワーク・ジャパン<br>「国連グローバル・コンパクト　4分野10原則の解説」

正解　(2)

## 〔問-13〕 CSR（企業の社会的責任）

ISO26000規格におけるCSR(Corporate Social Responsibility：企業の社会的責任)に関する説明として，適切な組合せは次のうちどれですか。

① 企業の社会的責任とは，企業が自社を取り巻く多様な利害関係者（ステークホルダー）に配慮し，社会への責任を果たすことを求める考え方である。

② 2010年に制定されたISO26000規格は，CSRについて認証を行うための要求事項を定めたマネジメントシステム規格である。

③ 組織が取り組むべき社会的責任の中核的主題は，「人権」「労働慣行」「環境」「公正な事業慣行」「消費者課題」「コミュニティへの参画及びコミュニティの発展」の6つとされている。

(1) ①は適切であるが，②，③は適切でない。
(2) ①，②は適切であるが，③は適切でない。
(3) ②，③は適切であるが，①は適切でない。

### 解説＆正解

① CSR（企業の社会的責任）とは，企業が社会や環境と共存し，持続可能な成長を図るため，その活動の影響について責任をとる企業行動であり，企業を取り巻く様々なステークホルダーからの信頼を得るための企業のあり方を指す。したがって，①は適切である。

　なお，代表的なステークホルダーとしては，株主・投資家，取引先，従業員，地域社会などがある。また，ステークホルダーとして特定できない不特定多数の人々，環境に対する責任も，社会的責任に含めて考える必要がある。

② CSRへの関心が高まり，2006年にPRI（責任投資原則）イニシアティブが開始され，2010年にISO26000（社会的責任の国際規格）が開発された。ISO26000規格はマネジメントシステム規格ではなく，認証目的，規制，

契約のために使用することを意図したものではなく，それらに適切なものでもないとされている。したがって，②は適切でない。

③　ISO26000規格では，選択肢の6つに加えて，「組織統治」を含む7つの中核的主題を挙げている。「組織統治」が中心となり，他の6つの主題に取り組む構造となる。したがって，③は適切でない。

以上より，①は適切であるが，②，③は適切でなく，(1)が本問の正解である。

● CSRの7つの中核的主題

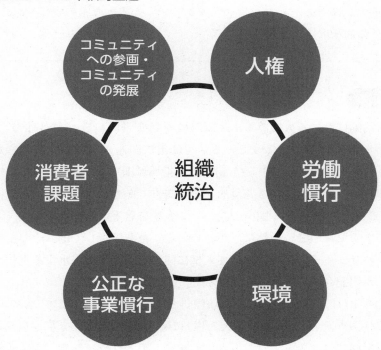

出典：ISO2600 規格より作成

正解　(1)

┌─── 〔問-14〕 ビジネスと人権 ───
│
│ ビジネスと人権に関する説明として，適切でないものは次のうちどれ
│ ですか。
│
│ (1)  国連の「ビジネスと人権に関する指導原則」では，人権を尊重す
│    る企業の責任を明記している。
│
│ (2)  日本政府の『「ビジネスと人権」に関する行動計画』には，企業
│    における人権デュー・ディリジェンスの義務化が盛り込まれている。
│
│ (3)  日本経済団体連合会は，「企業行動憲章　実行の手引き」「人権を
│    尊重する経営のためのハンドブック」で，人権の尊重の責任を果た
│    す具体的な取組みを示している。
│
└──────────────────────────────

### 解説＆正解

(1)  企業活動における人権尊重は，ESGのうちS（社会：Social）に区分され
   る重要な要素の１つとなっている。2011年に国連人権理事会で合意され
   た「ビジネスと人権に関する指導原則」（指導原則）は，企業活動における
   人権尊重のあり方に関する基礎的な国際文書であり，ビジネスと人権の関
   係を，①人権を保護する国家の義務，②人権を尊重する企業の責任，③救
   済へのアクセスの３つの柱に分類している。企業に対しては，その企業活
   動及びバリューチェーンにおいて人権に関する諸権利を尊重する責任があ
   ることが明記されている。したがって，(1)は適切である。

(2)  2020年10月，日本政府は「指導原則」を踏まえ，日本企業の一層の取組
   みを促す観点から，『「ビジネスと人権」に関する行動計画』を策定した。こ
   の行動計画では，企業に対し，人権デュー・ディリジェンス（企業活動に
   おける人権への影響の特定、予防・軽減，対処，情報共有）の導入促進へ
   の期待が表明されている。したがって，(2)は適切でない。

(3)  日本経済団体連合会は2021年12月，「企業行動憲章 実行の手引き」（以
   下「実行の手引き」という）の「第4章 人権の尊重」を改訂するとともに，
   「人権を尊重する経営のためのハンドブック」を策定した。「実行の手引き」
   では，企業に求められる人権の尊重の責任を果たす具体的な取組みとして，

①人権尊重責任の方針を策定しコミットメントを表明すること，②人権デュー・ディリジェンスを実施すること，③自社が人権に関する負の影響の原因となった，あるいは助長したことが判明した場合に，是正を可能とする苦情処理メカニズムを整備すること，を示している。したがって，(3)は適切である。

● 「ビジネスと人権」をめぐる主な動き

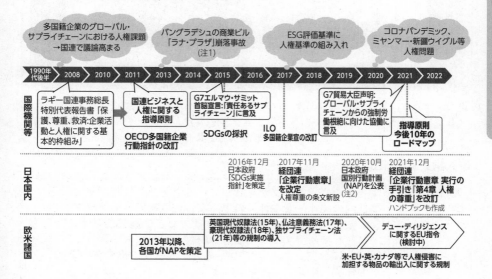

(注1) ダッカ近郊の複数の縫製工場が入居する商業ビルが崩落し，工場で働いていた労働者から多数の死傷者が出た事件
(注2) 日本企業に対し規模・業種等にかかわらず，国際的に認められた人権等の尊重，人権デュー・ディリジェンス（人権DD）プロセス導入を期待

出典：一般社団法人 日本経済団体連合会
　　　『企業行動憲章 実行の手引き「第4章 人権の尊重」の改訂 および「人権を尊重する経営のためのハンドブック」の策定〈主なポイント〉』2021年12月14日

## ●企業の人権尊重の取組みの全体像

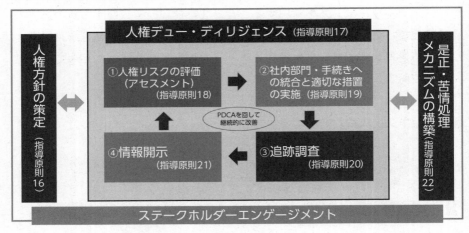

出典：一般社団法人 日本経済団体連合会
『企業行動憲章 実行の手引き「第4章 人権の尊重」の改訂 および「人権を尊重する経営のためのハンドブック」の策定〈主なポイント〉』2021年12月14日

## ●人権方針の策定

| 人権方針が満たすべき5つの条件 | ①企業の経営トップが承認していること<br>②社内の関連部署や社外の専門家から情報提供を受けること<br>③従業員や取引先，製品やサービスなどに直接関与する関係者に対して期待する人権配慮の内容を明記すること<br>④一般に公開され，全ての従業員，取引先，出資先，その他の関係者に周知されていること<br>⑤企業全体の事業方針や手続きに反映されていること |
|---|---|
| 人権方針の主な項目例 | □人権の尊重に対するコミットメントや基本姿勢<br>□人権方針の適用範囲<br>□自社にとって重要な人権課題<br>□人権に関するガバナンス体制<br>□人権デュー・ディリジェンスの継続的実施<br>□救済と是正<br>□ステークホルダーとの対話や協議<br>□情報開示<br>□人権方針の周知浸透・教育 |

出典：一般社団法人 日本経済団体連合会『人権を尊重する経営のためのハンドブック』より作成

正解　(2)

### コラム❸

## 「プリズム」としてのリスク・機会評価

　気候変動など，地球・人類社会全体にかかわる問題が，1企業の事業活動にどのように影響するのかを，直感的に理解することは難しい。

　しかし，気候変動が，自社にとってリスクとなるのか，機会となるのかを評価し，売上や利益の増減，さらには事業存続そのものに影響する要因として特定することで，社会の課題だから，ではなく，自社の損益や存続にかかわる問題だから取り組む，という問題意識が生まれ，経営戦略の必須不可欠の要素となる。

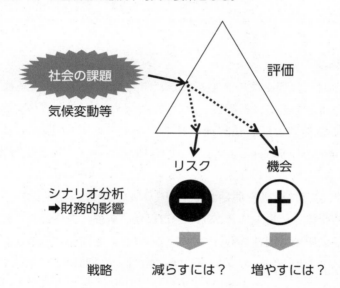

出典：有限会社サステイナブル・デザイン

　リスク・機会評価は，社会の課題を自社の事業活動に落とし込む，いわゆるアウトサイド・インを実践に移す上で，いわばプリズム（分光器）のような役割を果たす重要なプロセスといえる。

## 〔問－15〕TNFD 提言

TNFD（自然関連財務情報開示タスクフォース）提言に関する記述として、適切なものは次のうちどれですか。

(1) TNFD 提言は、自然関連および財務関連の知見を有する少数の専門家が会合を重ねるクローズドなアプローチで作成された。

(2) TNFD 提言における開示のフレームは、ガバナンス、戦略、リスクとインパクトの管理、測定指標とターゲットの 4 本柱から成る。

(3) TNFD 提言に沿った開示を行う際には、適切な追加ガイダンスを選定し利用することが義務付けられている。

### 解説＆正解

2021 年 6 月、民間企業や金融機関が、自然資本および生物多様性に関するリスクや機会を適切に評価し、開示するための枠組みを構築する国際的な組織である自然関連財務情報開示タスクフォース（Taskforce on Nature-related Financial Disclosures。以下、「TNFD」という）の立ち上げが宣言された。

(1) 2021 年 10 月に活動を開始した TNFD には、科学、基準設定、企業報告に関する組織、市場参加者、NGO や市民社会組織、先住民族の代表者が参加し、最大限の透明性をもってフレームワークを開発することが目指された。リスク管理と開示のフレームワークの開発において、オープンイノベーションのアプローチを採用し、2022 年 3 月〜2023 年 6 月にかけて 4 版のベータ版を発行し、市場フィードバックとパイロットテストを実施、改善を加えてきた。したがって、(1)は適切でない。

(2) その成果は、2023 年 9 月に「自然関連財務情報開示タスクフォースの提言」（TNFD 提言）として取りまとめられ、公表された。開示のフレームは、ガバナンス、戦略、リスクとインパクトの管理、測定指標とターゲットの 4 本柱から成る。これは、TCFD（気候関連財務情報開示タスクフォース）提言に基づき、ISSB の IFRS サステナビリティ開示基準と整合する。したがって、(2)は適切である。

(3) TNFDの提言の自主的な採用を支援するため、自然関連の依存、インパクト、リスクと機会の特定、評価、管理、開示において組織を支援するための一連の追加ガイダンスが作成されているが、その利用は義務ではない。

- すべてのセクターを対象とした自然関連課題の特定と評価（LEAPアプローチ）
- セクター固有およびバイオーム固有の LEAPアプローチの側面
- ターゲット設定
- シナリオ分析
- 先住民族、地域社会、影響を受けるステークホルダーとのエンゲージメント

したがって、(3)は適切でない。

## ●TCFDにおける開示フレーム

| ガバナンス | 戦略 | リスクとインパクトの管理 | 測定指標とターゲット |
|---|---|---|---|
| 自然関連の依存、インパクト、リスクと機会の組織によるガバナンスの開示。 | 自然関連の依存、インパクト、リスクと機会が、組織のビジネスモデル、戦略、財務計画に与えるインパクトについて、そのような情報が重要である場合は開示する。 | 組織が自然関連の依存、インパクト、リスクと機会を特定し、評価し、優先順位付けし、監視するために使用しているプロセスを説明する。 | マテリアルな自然関連の依存、インパクト、リスクと機会を評価し、管理するために使用している測定指標とターゲットを開示する。 |
| 開示提言 | 開示提言 | 開示提言 | 開示提言 |
| A. 自然関連の依存、インパクト、リスクと機会に関する取締役会の監督について説明する。 | A. 組織が特定した自然関連の依存、インパクト、リスクと機会を短期、中期、長期ごとに説明する。 | A(i) 直接操業における自然関連の依存、インパクト、リスクと機会を特定し、評価し、優先順位付けするための組織のプロセスを説明する。 | A. 組織が戦略およびリスク管理プロセスに沿って、マテリアルな自然関連リスクと機会を評価し、管理するために使用している測定指標を開示する。 |
| B. 自然関連の依存、インパクト、リスクと機会の評価と管理における経営者の役割について説明する。 | B. 自然関連の依存、インパクト、リスクと機会が、組織のビジネスモデル、バリューチェーン、戦略、財務計画に与えたインパクト、および移行計画や分析について説明する。 | A(ii) 上流と下流のバリューチェーンにおける自然関連の依存、インパクト、リスクと機会を特定し、評価し、優先順位付けするための組織のプロセスを説明する。 | B. 自然に対する依存とインパクトを評価し、管理するために組織が使用している測定指標を開示する。 |
| C. 自然関連の依存、インパクト、リスクと機会に対する組織の評価と対応において、先住民族、地域社会、影響を受けるステークホルダー、その他のステークホルダーに関する組織の人権方針とエンゲージメント活動、および取締役会と経営陣による監督について説明する。 | C. 自然関連のリスクと機会に対する組織の戦略のレジリエンスについて、さまざまなシナリオを考慮して説明する。 | B. 自然関連の依存、インパクト、リスクと機会を管理するための組織のプロセスを説明する。 | C. 組織が自然関連の依存、インパクト、リスクと機会を管理するために使用しているターゲットと目標、それらと照合した組織のパフォーマンスを記載する。 |
| | D. 組織の直接操業において、および可能な場合は上流と下流のバリューチェーンにおいて、優先地域に関する基準を満たす資産および／または活動がある地域を開示する。 | C. 自然関連リスクの特定、評価、管理のプロセスが、組織全体のリスク管理にどのように組み込まれているかについて説明する。 | |

出典：TNFD「自然関連財務情報開示タスクフォースの提言」（2023年9月）

正解 (2)

## 〔問－16〕 インパクト投資

インパクト投資の説明として，適切でないものは次のうちどれですか。

(1) 社会面・環境面の課題解決への貢献を「意図するもの」である。

(2) 社会的なリターンとともに，財務的なリターンを目指すものである。

(3) 対象となる金融取引は，投資（株式および債券）のみである。

### 解説＆正解

(1)(2)　グローバル・インパクト投資ネットワーク（GIIN）では「インパクト投資とは，「財務的リターンと並行して，ポジティブで測定可能な社会的及び環境的インパクトを同時に生み出すことを意図する投資行動」を指すと定義している。

　　具体的には，①社会面・環境面の課題解決への貢献を「意図するもの」であること，②社会的なリターンとともに，財務的なリターンを目指すものであること，③多様なアセットクラス（資産の種類）での取組みであること，④社会面・環境面からその成果を定量的・定性的に把握し，それをもって投資戦略がマネジメントされていること，の4つの構成要素を持つものとされる。したがって，(1)(2)は適切である。

(3)　インパクト投資においては，投資（株式・債券），融資，リースなど，財務的リターンを求める一切の金融取引がまとめて対象とされる。なお，財務的リターンを目指さない寄付・補助金・助成金等は含まれない。したがって，(3)は適切でない。

## ●インパクト投資の特徴と位置づけ

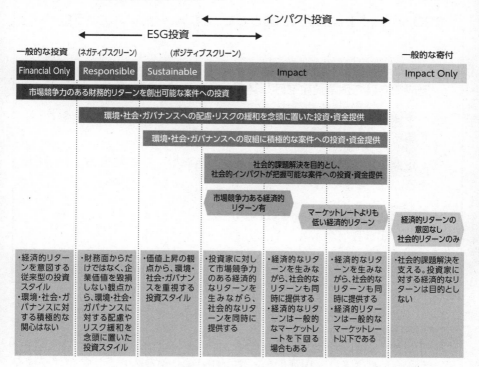

出典：GSG 国内諮問委員会「インパクト投資拡大に向けた提言書 2019」

正解 (3)

─〔問－17〕SDGインパクト ─────────────

SDGインパクトに関する記述として，適切な組合せは次のうちどれ
ですか。

① SDGインパクトは，国連環境計画（UNEP）が進める，SDGs
達成に向けて民間資金を呼び込むための取組みである。

② 今後，SDGインパクト認証ラベルが構築・運用開始される予定
である。

③ 企業・事業体向けSDGインパクト基準は，任意で自由に利用で
きる。

(1) ①は適切であり，②，③は適切でない。

(2) ②，③は適切であり，①は適切でない。

(3) ②は適切であり，①，③は適切でない。

解説＆正解

① SDGインパクトは，国連開発計画（UNDP）が進める，持続可能な開発
目標（SDGs）達成に向けた民間資金の流れを拡大する取組みである。「SDG
投資情報プラットフォーム」により，投資対象となる途上国のビジネス情
報を検索することができる（2024年6月時点で，643件の投資案件情報が
登録されている）。したがって，①は適切でない。

② SDGsに資する事業運営を行うため，①プライベートエクイティ（PE）
ファンド向け，②債券向け，③企業・事業体向けの3種類の「SDGインパ
クト基準」が策定されている。今後，これらの基準にもとづくSDGインパ
クト認証ラベル制度が構築・運用開始される予定である。したがって，②
は適切である。

③ 企業・事業体向けSDGインパクト基準の日本語訳が2021年12月に公開
された。インパクトマネジメントおよびSDGsを意思決定に組み込むため
のベストプラクティスの指針，自己評価ツールとして，すべての企業等が
任意で自由に利用できる。したがって，③は適切である。

以上より，②，③は適切であり，①は適切でなく，(2)が本問の正解である。

以上，国連開発計画（UNDP）駐日代表事務所のウェブサイト参照。

## ●企業・事業体向けSDGインパクト基準－実践のための12の行動

| テーマ | 企業・事業体の行動 |
|---|---|
| 戦略 | 1．事業に責任を持ち持続可能な形態で運営する。積極的にSDGsに貢献し，最善のインパクトを出す。 |
| 戦略 | 2．ステークホルダーにとって，そしてSDGsの達成に向けて何が重要か，また組織が現在どの領域でインパクトを生み出しているかを把握する。そうすることで将来，価値の高いインパクトをどの領域で発揮できるかを見極める。 |
| 戦略 | 3．インパクトを組織のパーパスと戦略に組み込む。 |
| 戦略 | 4．一体化したパーパスと戦略に沿って，インパクト目標を設定する。 |
| 戦略 | 5．最善のインパクトを生み出すため，必要に応じて戦略とインパクト目標を調整する。 |
| アプローチ（執行・管理） | 6．組織の文化,構造,能力,システム,インセンティブをパーパスと戦略に合致させる。 |
| アプローチ（執行・管理） | 7．インパクトを効果的に測定するための方法，プロセスやシステムを構築し，意思決定に組み入れる。 |
| アプローチ（執行・管理） | 8．外部のベンチマーク指標，およびステークホルダーの大グループや小グループの指標に照らして，重要なインパクトを長期的に評価，比較，モニタリングする。インパクト拡大のための選択肢を設定し，どれを採用するか決定する。 |
| アプローチ（執行・管理） | 9．改善を続け，インパクトマネジメントのあり方を刷新するためのプロセスを，必要に応じて業務に組み入れる。 |
| 透明性 | 10．責任あるビジネス慣行，サステナビリティ，SDGsへの積極的な貢献をどのように意思決定とパフォーマンス報告に組み込んでいるかを開示する。 |
| ガバナンス | 11．責任ある事業活動とインパクトマネジメントの取り組みをガバナンスの枠組みに組み込む。 |
| ガバナンス | 12．組織のガバナンス機構が責任を持って組織運営の模範を示す。 |

出典：国連開発計画（UNDP）　SDG Impact「企業・事業体向けSDGインパクト基準」
（実践のための12の行動）

正解　(2)

日本政府のSDGs実施指針の説明として，適切なものは次のうちどれですか。

(1) SDGs実施指針は，中長期的な企業の戦略として，2016年に閣議決定されたものである。

(2) SDGs実施指針では，日本として特に注力すべき優先課題が設定されている。

(3) SDGs実施指針にもとづく具体的な事業をとりまとめたSDGsアクションプランが，5年に1度策定されている。

### 解説＆正解

(1) 2016年，内閣総理大臣を本部長とする持続可能な開発目標（SDGs）推進本部（SDGs推進本部）が設置され，同本部において「持続可能な開発目標（SDGs）の実施のための我が国の指針」（SDGs実施指針）が決定された。現行の指針は2023年改定版である。SDGs実施指針は，日本が2030アジェンダを実施し，2030年までに日本の国内外においてSDGsを達成するための中長期的な国家戦略として位置づけられている。したがって，(1)は適切でない。

(2) SDGs実施指針では，SDGsのゴールとターゲットのうち，日本として特に注力すべきものを示すべく，2019年改定版において日本の文脈に即して再構成した8分野の優先課題が設定され，2023年改定版にも引き継がれている。したがって，(2)は適切である。

(3) SDGsアクションプランは各年度ごとの政府の具体的な取組みの重点事項をとりまとめて毎年度作成されている。SDGsアクションプラン2022にもとづく国の府省庁の取組みは，令和3年度補正予算および令和4年度当初予算政府案ベースで544件7.2兆円に及ぶ。したがって，(3)は適切でない。

## ● SDGs 実施指針の8つの優先課題

| 5つのP | 優先課題 |
|---|---|
| People<br>人間 | ① あらゆる人々が活躍する社会・ジェンダー平等の実現<br>② 健康・長寿の達成 |
| Prosperity<br>繁栄 | ③ 成長市場の創出，地域活性化，科学技術イノベーション<br>④ 持続可能で強靱な国土と質の高いインフラの整備 |
| Planet<br>地球 | ⑤ 省・再生可能エネルギー，防災・気候変動対策，循環型社会<br>⑥ 生物多様性，森林，海洋等の環境の保全 |
| Peace<br>平和 | ⑦ 平和と安全・安心社会の実現 |
| Partnership<br>パートナーシップ | ⑧ SDGs 実施推進の体制と手段 |

## ● SDGs 実施指針におけるビジネス（企業）・ファイナンス（金融機関）の役割

| | |
|---|---|
| ビジネス<br>（企業） | それぞれの企業が経営戦略の中に SDGs を据え，個々の事業戦略に落とし込むことで，持続的な企業成長を図っていくことが重要である。また，官民が連携し，企業が本業を含めた多様な取組を通じて SDGs 達成に貢献する機運を，国内外で醸成することが重要である。 |
| ファイナンス<br>（金融機関） | SDGs 達成に必要な資金を確保するためファイナンスの裾野を継続的に拡大していく観点から，SDGs 達成に向けた取組を様々な手法で経済活動の中に組み込んでいくことが重要である。公的資金（財政資金等）と民間資金（投融資等）の両者の有効な活用・動員，資金量の拡大・質の充実を考える必要がある。 |

以上の図表の出典：「SDGs 実施指針改定版」（平成28年12月22日 SDGs 推進本部決定 令和元年12月20日一部改定）

**正解** (2)

## ジャパンSDGsアワード

SDGs推進本部では毎年度，持続可能な開発目標（SDGs）達成に向けた企業・団体等の取組みを促し，オールジャパンの取組みを推進するために，SDGs達成に資する優れた取組みを行っている企業・団体等を表彰している。各団体の取組み事例は，サステナブル経営のグッドプラクティス事例として参考になる。

　＜表彰の種類および表彰の対象＞
　■極めて顕著な功績があったと認められる企業・団体等
　　SDGs推進本部長（内閣総理大臣）賞
　■特に顕著な功績があったと認められる企業
　　SDGs推進副本部長（内閣官房長官および外務大臣）賞
　■特筆すべき功績があったと認められる企業・団体等
　　特別賞

### ●ジャパンSDGsアワード第1回（2017年度）表彰団体

| 内閣総理大臣表彰 | ○北海道下川町 | |
| --- | --- | --- |
| 内閣官房長官賞 | ○特定非営利法人しんせい<br>○パルシステム生活協同組合連合会<br>○金沢工業大学 | |
| 外務大臣賞 | ○サラヤ株式会社<br>○住友化学株式会社 | |
| 特別賞 | ○吉本興業株式会社<br>○株式会社伊藤園<br>○江東区立八名川小学校 | ○国立大学法人岡山大学<br>○公益財団法人ジョイセフ<br>○福岡県北九州市 |

### ●ジャパンSDGsアワード第2回（2018年度）表彰団体

| 内閣総理大臣表彰 | ○株式会社日本フードエコロジーセンター |
| --- | --- |
| 内閣官房長官賞 | ○日本生活協同組合連合会<br>○鹿児島県大崎町<br>○一般社団法人ラ・バルカグループ |
| 外務大臣賞 | ○株式会社LIXIL<br>○特定非営利活動法人エイズ孤児支援NGO・PLAS<br>○会宝産業株式会社 |
| 特別賞 | ○株式会社虎屋本舗<br>○株式会社大川印刷<br>○SUNSHOW GROUP<br>○株式会社滋賀銀行<br>○山陽女子中学校・高等学校地歴部<br>○株式会社ヤクルト本社<br>○産科婦人科舘出張 佐藤病院<br>○株式会社フジテレビジョン |

## ●ジャパン SDGs アワード第 3 回（2019 年度）表彰団体

| 内閣総理大臣表彰 | ○魚町商店街振興組合 |
|---|---|
| 内閣官房長官賞 | ○大阪府<br>○「九州力作野菜」「果物」プロジェクト共同体（代表：イオン九州株式会社） |
| 外務大臣賞 | ○特定非営利活動法人 TABLE FOR TWO International<br>○株式会社富士メガネ |
| 特別賞 | ○日本リユースシステム株式会社<br>○徳島県上板町立高志小学校<br>○大牟田市教育委員会<br>○公益社団法人日本青年会議所<br>○株式会社大和ネクスト銀行<br>○そらのまちほいくえん |

## ●ジャパン SDGs アワード第 4 回（2020 年度）表彰団体

| 内閣総理大臣表彰 | ○みんな電力株式会社 |
|---|---|
| 内閣官房長官賞 | ○北海道上士幌町<br>○青森県立名久井農業高等学校 環境研究班 |
| 外務大臣賞 | ○特定非営利活動法人 Support for Woman's Happiness<br>○特定非営利活動法人テラ・ルネッサンス |
| 特別賞 | ○長野 SDGs プロジェクト<br>○一般社団法人 Waffle<br>○富士通株式会社<br>○ふくしま未来農業協同組合<br>○株式会社エムアールサポート<br>○阪急阪神ホールディングス株式会社<br>○川崎市立平間小学校<br>○株式会社キミカ |

## ●ジャパン SDGs アワード第 5 回（2021 年度）表彰団体

| 内閣総理大臣表彰 | ○株式会社ユーグレナ |
|---|---|
| 内閣官房長官賞 | ○ NPO 法人 eboard<br>○社会福祉法人恩賜財団済生会 |
| 外務大臣賞 | ○株式会社 HAKKI AFRICA<br>○ OUI Inc.<br>○特定非営利活動法人ジャパンハート |
| 特別賞 | ○株式会社シュークルキューブジャポン<br>○株式会社荏原製作所<br>○ゆめ伴プロジェクト in 門真実行委員会<br>○愛知県立南陽高等学校 Nanyo Company 部<br>○株式会社エルコム<br>○大槌ジビエソーシャルプロジェクト<br>○一般社団法人男女共同参画地域みらいねっと |

## ●ジャパン SDGs アワード第 6 回（2022 年度）表彰団体

| 内閣総理大臣賞 | ○一特定非営利活動法人 ACE | |
|---|---|---|
| 内閣官房長官賞 | ○ TABETE レスキュー直売所プロジェクト共同体（代表：東松山市） | |
| 外務大臣賞 | ○株式会社 Frank PR | |
| ○株式会社太陽油 | ○吉本興業株式会社 | ○国立大学法人岡山大学 |
| | ○株式会社伊藤園 | ○公益財団法人ジョイセフ |
| | ○江東区立八名川小学校 | ○福岡県北九州市 |
| 特別賞 | ○日本基板ネットワーク | |

## ●ジャパン SDGs アワード第 7 回（2023 年度）表彰団体

| 内閣総理大臣賞 | ○一般社団法人 WheeLog |
|---|---|
| 内閣官房長官賞 | ○雪ヶ谷化学工業株式会社 |
| 外務大臣賞 | ○特定非営利活動法人 JHP・学校をつくる会 |
| 特別賞 | ○邦美丸 |

出典：外務省「ジャパン SDGs アワード」より作成

---

**〔問－19〕SDGs 経営ガイド**

経済産業省の「SDGs 経営ガイド」に示されている考え方に関する記述として，適切な組合せは次のうちどれですか。

① 企業にとっては，SDGsを「共通言語」として世界中のステークホルダーとコミュニケーションをとりながら，同時に，SDGsというフレームワークの中で評価される時代となっている。

② SDGsを無視した事業活動は，企業の持続可能性を揺るがすリスクをもたらす一方，企業がビジネスを通じてSDGsに取り組むことは，いまだ開拓されていない巨大な市場を獲得するための大きな「機会」となり得る。

③ Z世代やミレニアム世代が企業を選ぶ際に，企業がどのような社会貢献をしているかは，重要視していない。

(1) ①，②は適切であり，③は適切でない。

(2) ①，③は適切であり，②は適切でない。

(3) ②，③は適切であり，①は適切でない。

---

**解説＆正解**

① 2019年5月，経済産業省「SDGs 経営/ESG 投資研究会」がとりまとめた「SDGs 経営ガイド」が公表された。学識経験者を座長とし，研究会メンバーは大企業経営者を中心として構成された。企業にとってのSDGsについて，『企業はSDGs を「共通言語」として世界中のステークホルダーとコミュニケーションをとりながら，同時に，SDGsというフレームワークの中で評価される，そんな時代が訪れている』との考え方を示している。したがって，①は適切である。

② SDGsのリスクと機会について，『世界全体がSDGsの達成を目指す中，これを無視して事業活動を行うことは，企業の持続可能性を揺るがす「リスク」をもたらす。一方，企業がビジネスを通じてSDGsに取り組むことは，企業の存続基盤を強固なものにするとともに，いまだ開拓されていない巨大な市場を獲得するための大きな「機会」となり得る』との考え方が

示されている。したがって，②は適切である。

③　SDGs 経営ガイドによると，若い人の考え方は「SDGs ネイティブ」であり，社会課題の解決がネイティブにモチベーションの行動の原動力であるため，企業が会社の理念をSDGsのトレンドに該当していることを示すことは，採用上の非常に強力なポイントになると示している。したがって，③は適切でない。

　以上より，①，②は適切であり，③は適切でなく，(1)が本問の正解である。


●SDGsへの取組み方がもたらすリスクと機会

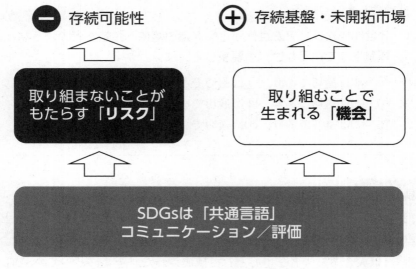

出典：有限会社サステイナブル・デザイン


以上，経済産業省「SDGs 経営ガイド」（2019 年 5 月）参照。

正解　(1)

## 〔問-20〕中小機構

　独立行政法人中小企業基盤整備機構（中小機構）のSDGs支援活動に関する記述として，適切な組合せは次のうちどれですか。

① 　中小企業は，SDGs達成に向けての政策対象そのものであるとともに，中小企業自身がSDGs達成の重要な担い手であると位置づけられている。

② 　全国対応のSDGs相談窓口を本部（東京）1ヶ所に設置し集中的・統一的な支援を行っている。

③ 　「中小企業のためのSDGs活用ガイドブック（第2版）」では，経営の面からSDGsを意識した方が良い視点として，消費者・顧客，取引先，採用の3点を挙げている。

(1) 　①は適切であるが，②，③は適切でない。

(2) 　①，②は適切であるが，③は適切でない。

(3) 　③は適切であるが，①，②は適切でない。

### 解説＆正解

　独立行政法人中小企業基盤整備機構（以下「中小機構」という）は，国の中小企業政策の中核的な実施機関として，幅広く中小企業を支援している。2021年3月，中小企業SDGs応援宣言を発表し，中小企業・小規模事業者のSDGsへの理解促進と趣旨に沿った事業活動への支援を行っている。

①「中小機構におけるSDGsへの取組方針」（令和3年3月）では，「中小企業とSDGsの関係は，中小企業がSDGs達成に向けての政策対象そのものである面と，中小企業自身がSDGs達成の重要な担い手である面との両面から位置付けられる」とした上で，「産業セクターにおいて，雇用やGDPの増加，人材育成・技能向上，イノベーション，カーボンニュートラルの実現等が求められる中，これらゴールの達成に向けて中小企業に期待される役割は大きい」との考え方を示している。したがって，①は適切である。

② 　中小機構の10地域本部・事務所のうち，北海道本部，東北本部，関東本部，近畿本部，北陸本部，中国本部，九州本部にSDGs相談窓口を設置

（2024年6月時点）し、SDGsに関する対面、電話、オンラインによる経営相談に対応している。したがって、②は適切でない。

③ 「中小企業のためのSDGs活用ガイドブック（第2版）」では、経営の面からSDGsを意識した方が良い視点として、消費者・顧客、取引先、採用、資金調達の4点を挙げている。資金調達については、「都市銀行、第一・第二地方銀行のみならず、信用金庫、信用組合など多くの金融機関がSDGsに取り組む企業に有利な金融商品を発表しており、その傾向はますます強まってきて」いるとしている。したがって、③は適切でない。

以上より、①は適切であるが、②、③は適切でなく、(1)が本問の正解である。

## ●中小企業とSDGs

| ゴール | ターゲット |
|---|---|
| 政策対象そのものとしての中小企業 | |
| 8. 働きがいも<br>経済成長も | 8.3：生産活動や適切な雇用創出、起業、創造性及びイノベーションを支援する開発重視型の政策を促進するとともに、金融サービスへのアクセス改善などを通じて中小零細企業の設立や成長を奨励する。 |
| 中小企業の活躍が期待されるSDGsターゲット例 | |
| 4. 質の高い教育を<br>みんなに | 4.4：2030年までに、技術的・職業的スキルなど、雇用、働きがいのある人間らしい仕事及び起業に必要な技能を備えた若者と成人の割合を大幅に増加させる。 |
| 7. エネルギーをみ<br>んなに<br>そしてクリーンに | 7.3：2030年までに、世界全体のエネルギー効率の改善率を倍増させる。 |
| 8. 働きがいも<br>経済成長も | 8.2：高付加価値セクターや労働集約型セクターに重点を置くことなどにより、多様化、技術向上及びイノベーションを通じた高いレベルの経済生産性を達成する。 |
| 9. 産業と技術革新<br>の基盤をつくろう | 9.2：包摂的かつ持続可能な産業化を促進し、2030年までに各国の状況に応じて雇用及びGDPに占める産業セクターの割合を大幅に増加させる。後発開発途上国については同割合を倍増させる。 |

| 11. 住み続けられるまちづくりを | 11.3：2030 年までに，包摂的かつ持続可能な都市化を推進し，すべての国々の参加型，包摂的かつ持続可能な人間居住計画・管理の能力を強化する。 |
|---|---|
| 12. つくる責任つかう責任 | 12.4：2020 年までに，合意された国際的な枠組みに従い，製品ライフサイクルを通じ，環境上適正な化学物資質や全ての廃棄物の管理を実現し，人の健康や環境への悪影響を最小化するため，化学物質や廃棄物の大気，水，土壌への放出を大幅に削減する。 |
| 13. 気候変動に具体的な対策を | 13.1：全ての国々において，気候関連災害や自然災害に対する強靱性（レジリエンス）及び適応の能力を強化する。 |
| 17. パートナーシップで目標を達成しよう | 17.17：さまざまなパートナーシップの経験や資源戦略を基にした，効果的な公共，官民，市民社会のパートナーシップを奨励・推進する。 |

出典：独立行政法人中小企業基盤整備機構「中小機構における SDGs への取組方針」
（令和 3 年 3 月）より作成

正解 （1）

サステナブルファイナンスに関する説明として，最も適切なものは次のうちどれですか。

(1) 近年，サステナブルファイナンスは公的機関を中心として拡大してきた。

(2) わが国の金融庁は，持続可能な社会の実現に向けて，新たな産業・社会構造への転機を促す必要があると考えている。

(3) サステナブルファイナンス有識者会議の報告書では，サステナブルファイナンスに関する企業開示制度と，ESG評価・データ提供機関が市場機能を発揮する制度について，主に説明されている。

### 解説＆正解

(1) 近年，ESG投資やグリーンボンド等の発行額の増加にみられるように，民間金融機関や機関投資家が主体的となってサステナブルファイナンスを拡大させている。したがって，(1)は適切でない。

(2) 選択肢のとおりである。したがって，(2)は適切である。

(3) サステナブルファイナンス有識者会議の報告書では，サステナブルファイナンスに関する基本的な視点と横断的な論点から，企業開示，市場機能発揮，投融資先支援とリスク管理に関わる内容で構成されている。市場機能発揮についてを主に説明しているわけではない。したがって，(3)は適切でない。

　　以上，経済法令研究会「SDGs・ESGの取組みに貢献するための取引先のサステナブル経営をサポートするコース　TEXT」引用・参照。

正解 (2)

## 〔問－22〕 サステナブルファイナンス有識者会議

金融庁の「サステナブルファイナンス有識者会議」に関する記述として，適切な組合せは次のうちどれですか。

① サステナブルファイナンス有識者会議のねらいの１つに，3,000兆円ともいわれる世界のESG投資資金を日本に呼び込むことがある。

② 有識者会議報告書では，サステナブルファイナンスは，持続可能な経済社会システムを支えるインフラとして，政府が主体的に推進していくべきとの考え方が示されている。

③ 有識者会議報告書では，サステナブルファイナンスにおいて，ESG要素を考慮することは，日本においても受託者責任を果たす上で望ましい対応と位置づけることができる，としている。

(1) ①，②は適切であるが，③は適切でない。

(2) ①，③は適切であるが，②は適切でない。

(3) ②，③は適切であるが，①は適切でない。

### 解説＆正解

① サステナブルファイナンスとは，持続可能な社会を実現するための金融のことをいう。2020 年12月，金融庁に「サステナブルファイナンス有識者会議」（以下「有識者会議」という）が設置された。会議の構成員は，産業界・金融界・学識経験者などをメンバー，関係省庁をオブザーバーとする。

2021年6月に「持続可能な社会を支える金融システムの構築」と題する報告書（以下「有識者会議報告書」という）を発表した。有識者会議報告書では，「世界が脱炭素へと向かう中，日本の金融もこの新たな成長分野を掴んでいくことが必要である」「日本企業は脱炭素社会の実現に貢献する高い技術・潜在力を有しているので，3,000兆円ともいわれる世界のESG投資資金を日本に呼び込み，国内外の成長資金がこうした企業の取組みに活用されるよう，金融機関や金融資本市場が適切に機能を発揮することが重要である」との認識が示されている。したがって，①は適切である。

② 有識者会議報告書では，サステナブルファイナンスは，持続可能な経済社会システムを支えるインフラであると位置づけた上で，民間セクターが主体的に取り組むとともに，制度的な枠組みづくりなどを通じて政策的にも推進していくべきとしている。したがって，②は適切でない。

③ 有識者会議報告書では，国連機関や各国の動向等を見渡した上で，「ESG投資は受託者責任に反しないという認識は，全世界的に一定程度の支持を得ているものと考えられる」とし，「サステナブルファイナンスの意義を踏まえESG要素を考慮することは，日本においても受託者責任を果たす上で望ましい対応と位置づけることができる」との考え方を示している。したがって，③は適切である。

　以上より，①，③は適切であるが，②は適切でなく，(2)が本問の正解である。


　以上，金融庁「サステナブルファイナンス有識者会議　報告書　持続可能な社会を支える金融システムの構築」（2021年6月18日）参照。


正解　(2)

## ─〔問－23〕金融機関の投融資先支援とリスク管理─

金融機関の投融資先支援とリスク管理に関する説明として，適切なものは次のうちどれですか。

(1) 気候変動リスクは，信用リスク，市場リスク，流動性リスク，オペレーショナルリスク等の従来のリスク区分に，新たに付け加わるものである。

(2) 金融機関の投融資先支援においては，移行リスクおよび物理リスクを低減させることに焦点を絞るべきである。

(3) 金融機関が投融資先における気候変動対応を推進する上で，企業の環境的課題を特定し，その解決に資する技術やサービスの価値を発掘できるようにすることが重要である。

### 解説＆正解

有識者会議報告書の第4章では，金融機関の投融資先支援とリスク管理のあり方について，以下のように述べられている。

(1) 『金融機関におけるリスクの区分としては，信用リスク，市場リスク，流動性リスク，及びオペレーショナルリスク等が挙げられるが，気候変動リスクは，これら従来のリスク区分に新たに加えられるものではなく，各リスクを発生又は増幅させる「リスクドライバー」であるといえる。したがって，気候変動リスクについては，既存のリスク管理の枠組みに，整合的な形で統合されることが適当である』。したがって，(1)は適切でない。

(2) 『脱炭素社会への「移行」が重視される中，金融機関にはGHG多排出セクターの投融資先を中心に，建設的な対話によってGHG削減に向けた対応の加速を促すことにより「移行リスク」低下を図るとともに，新たなビジネス機会の創出に貢献することにより，収益見通しの向上に寄与するという役割が期待される』。したがって，(2)は適切でない。

なお，GHGはGreenhouse Gasの略で温室効果ガスのことをいう。物理リスクについては下記図表参照。

(3) 「金融機関が投融資先における気候変動対応を推進する上では，企業の

61

環境的課題を特定し，その解決に資する技術やサービスの価値を発掘できるよう，ノウハウの蓄積やスキルの向上，分析ツールの開発等を主体的に進めることが重要である。特に，脱炭素化に伴う産業構造の転換が投融資先の重大なリスクになりかねないので，早め早めの対応を取ることが望まれる」。したがって，(3)は適切である。

以上，金融庁「サステナブルファイナンス有識者会議　報告書　持続可能な社会を支える金融システムの構築」（2021年6月18日）参照。

● リスクドライバーとしての気候変動リスク

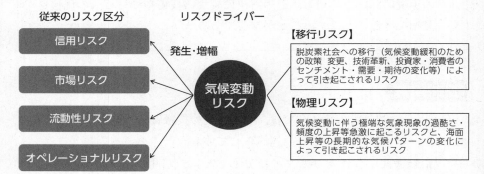

従来のリスク区分　　　　リスクドライバー

信用リスク

発生・増幅

市場リスク

流動性リスク

オペレーショナルリスク

気候変動リスク

【移行リスク】
脱炭素社会への移行（気候変動緩和のための政策 変更、技術革新、投資家・消費者のセンチメント・需要・期待の変化等）によって引き起こされるリスク

【物理リスク】
気候変動に伴う極端な気象現象の過酷さ・頻度の上昇等急激に起こるリスクと、海面上昇等の長期的な気候パターンの変化によって引き起こされるリスク

出典：有限会社サステイナブル・デザイン

正解　　(3)

---

**〔問－24〕ESG地域金融実践ガイド**

環境省の「ESG地域金融実践ガイド2.1」の説明として，適切でないものは次のうちどれですか

(1) 「ESG地域金融実践ガイド 2.1」は，内閣府が地方創生SDGs金融施策の一環として，地域金融機関向けに作成した手引きである。

(2) ESG地域金融の実践においては，ESG要素を考慮した事業性評価にもとづく融資・本業支援が重要である。

(3) ESG要素を考慮した事業性評価では，事業停止リスク，企業・事業価値向上につながる機会やリスクに加え，地域へのインパクト評価も必要である。

---

**解説&正解**

(1) 「ESG地域金融実践ガイド 2.1」（ガイド2.1）は，「地域金融機関が，地域課題の掘り起こしや重点分野への対応，そして事業性評価に基づく融資・本業支援等の金融行動においてESG要素を考慮し，組織全体としてESG地域金融に取り組むための手引き」として，環境省が2020年4月に公表した「ESG地域金融実践ガイド」を改訂したものである（2022年3月公表）。したがって，(1)は適切でない。

(2) ガイド2.1では，ESG地域金融の実践方法として，地域課題・主要産業・個別企業の着眼点から，①地域資源の特定および課題解決策の検討・支援，②主要産業の持続可能性向上に関する検討・支援，③企業価値の向上に向けた支援の3つのアプローチを示している。ガイド2.1の副題に「ESG要素を考慮した事業性評価に基づく融資・本業支援のすすめ」とあるように，個別企業の企業価値の向上に向けた取組みが重要であり，「ESG要素に着目し地域企業の価値を発掘・支援を行うことは，金融機関にとっても新たなビジネスチャンスをつかむ可能性を有している」との考え方が示されている。したがって，(2)は適切である。

(3) ガイド2.1では，ESG要素を考慮した事業性評価の目的について，「事業停止リスクの検討に加え，企業・事業価値向上につながる機会やリスクの

検討，さらに地域へのインパクト評価を行う」こととしている。①事業停止リスクの検討では，法令違反（大気汚染や土壌汚染などに関する基準の超過）や座礁資産（石炭火力発電など環境変化により価値が大きく毀損する資産），人権侵害等，環境や社会に多大なる悪影響を及ぼす事項を確認し，事業停止リスクを最小限化することが求められる。②ESG要素を考慮した機会やリスクの検討では，中長期的に財務的な影響を及ぼす機会やリスクを検討し，特定したリスクや機会に関して，リスク緩和や機会獲得に向けた対話や支援を実施し，事業・企業価値の向上につなげることが求められる。③環境・社会へのインパクト評価では，取組みにより生じる環境・経済・社会の変化（インパクト）を把握し，リスク・機会の検討に活用するとともに，地域金融機関として支援をする意義を明確にすることが求められる。したがって，⑶は適切である。

以上，環境省「ESG地域金融実践ガイド2.1」（2022年3月）参照。

## ●ESG金融実践の３つのアプローチ

| アプローチ | 取組概要 |
|---|---|
| 地域資源の特定および課題解決策の検討・支援<br>（地域資源・課題を対象にした取組） | □地域資源を見極め，顕在化あるいは予見される地域課題の解決に向けたビジネスの創出<br>□地域の長期戦略等を踏まえ，地域資源を活用した課題解決につながる事業等をステークホルダーと連携して検討<br>□検討結果の実現に向けた支援を実施 |
| 主要産業の持続可能性向上に関する検討・支援<br>（主要産業を対象にした取組） | □地域の主要な産業やポートフォリオの多くを占める産業など，地域金融機関にとって重要な産業が抱える中長期的な動向（リスク・機会になりうる項目など）を整理<br>□特定した課題に対して，対象産業の方向性を踏まえ，金融機関として持続可能な取組を促進するための支援策を検討・実施 |
| 企業価値の向上に向けた支援<br>（個別企業を対象にした取組） | □取引先企業を対象に，ESG要素を考慮した事業性評価を実施し，リスク・機会を把握<br>□事業性評価を踏まえ，企業価値の向上に向けた本業支援を実施 |

出典：環境省「ESG地域金融実践ガイド2.1」

## ●ESG 地域金融に関する取組み状況（2021 年度）

（都銀・信託銀行・地銀・第二地銀・信金・信組 433 機関が回答したアンケート結果）

■ ESG 要素を取り入れた取引先評価を行っている金融機関は 16%

| 項目 | 実践状況 |
| --- | --- |
| | （ ）内：昨年度調査結果 |

| 項目 | 実践状況 |
| --- | --- |
| **ESG金融への認知・理解** | **① ESG金融への理解促進**<br>52%（37%）「将来的な成長領域であり、資金需要が拡大していく」　　94%（87%）「金融業務におけるESGやSDGsの考慮」に関心がある |
| **金融機関の中長期的な方針策定** | **② 重点的に取り組むべき地域資源・課題の特定**<br>✓ 地域分析・産業分析を踏まえてESGやSDGsの取組方針を立てている金融機関は少ない。<br>23% 「外部環境の中長期的な変化に関して、地域全体の経済分析を行い戦略や方針に反映している」　　**③ 自治体とのビジョン・長期目標の共有**<br>✓ ESGやSDGsの推進に向けて、一部の金融機関は自治体との連携を進めている。<br>36% 「自治体における長期計画やビジョンの策定に関与または連携協定を締結している」 |
| **地域や取引先の持続可能性向上** | **④ ESG要素を取り入れた取引先評価**<br>✓ 取引先への事業性評価にESG要素を体系的に組み込んでいる金融機関は少ない。<br>16% 「環境や社会に好影響を与える案件の基準を設けている」　　**⑤ 取引先企業に対する支援**<br>✓ 投融資のみならず、マッチングやコンサルティング等の支援を実践している。<br>ヒアリング 「地域活性化ファンドを設立して中小企業を支援」「GHG排出量削減のコンサルティングを実施」<br><br>**⑥ 地域ステークホルダーとの連携**<br>✓ 情報共有の場は拡大しているが、具体的な課題の解決に踏み込んだ連携事例は少ない。<br>ヒアリング 「自治体が主催するSDGsプラットフォーム等で他の金融機関との接点はあるが、セミナーへの参加や広報活動がメインになっている。地域のESG課題について議論したケースや、具体的なビジネスに繋がったケースはまだない」 |

■ ESG 要素の確認・評価を行っている金融機関においても，過半数で，担当者が案件ごとに対応している

環境や社会に与える影響等に関する確認・評価を
どのような仕組み（ルール）で行うか

※「事業性評価におけるESG要素の考慮を行っている」
と回答した62の金融機関を対象に調査

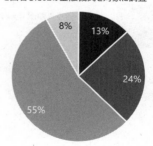

■ 内部規定において、必須の審査項目として明文化している
■ 審査におけるガイドラインの評価項目として記載がある
■ 担当者が案件ごとに判断して評価している
■ その他

出典：野村総合研究所「ESG 地域金融に関する取組状況について – 2021 年度
ESG 地域金融に関するアンケート調査結果取りまとめ」（2022 年 3 月）

正解　（1）

## 事業性評価の実践に向けて

■事業性評価の手順（本部・営業店の連携）

　ESG要素を考慮した事業性評価においては，業務停止リスク，企業・事業価値向上（低下）につながる機会（リスク），地域へのインパクト評価を行う。

| 実施事項 | 内容 | 中心主体（例） |
|---|---|---|
| 事前準備 | ✓ **外部環境分析**：対象産業の将来想定される外部環境動向を"政策"、"技術"、"自然環境"、"社会・市場構造" 等の観点から整理し、影響が大きいと想定される事項を把握<br>✓ **仮説設定**：外部環境分析の結果から、ヒアリングに向けた仮説を設定 | ✓ 本部（ソリューション営業） |
| 現状把握（ヒアリング） | ✓ **ヒアリング**：取引先企業の仕入れ先、販売先及びその最終消費者の動向を把握するとともに、差別化要素を確認する<br>✓ 外部環境で影響が大きいと想定された事項への対応を把握する | ✓ 営業店 |
| 課題と価値の把握 | ✓ **想定されるインパクトの評価**：対象事業の取組が環境・社会にどのような影響（インパクト）を及ぼしているかを把握する<br>✓ **今後の取組の方向性の検討**：事前準備やヒアリングを踏まえ、取引先の持続可能性や企業価値向上に向けた取組の方向性を検討する | ✓ 営業店<br>✓ 本部（営業推進、審査） |
| 共有・すり合わせ | ✓ **取引先の将来性の把握**：営業店で整理をした評価及びリスク、機会を本部と共有する<br>✓ **課題と機会の共有**：取引先企業と評価、整理した内容を共有する | ✓ 営業店<br>✓ 本部（営業推進、審査） |
| 支援の検討 | ✓ **リスク緩和、機会獲得に向けた支援策を検討**：取引先企業のリスク緩和、機会獲得に向けて、取引先企業の対応策及びその実践に向けた支援策を検討する | ✓ 営業店<br>✓ 本部（ソリューション営業） |

■ヒアリングにおいて確認すべき項目

　ESGの観点からの質問意図（目的）を明確化した上で，従来から実施されている事業性評価におけるヒアリング項目から必要な情報を引き出す。

| ヒアリング項目 | | 概要 | 目的 |
|---|---|---|---|
| 事業概要 | 方針・取組 | ✓ 貴社あるいは経営者として事業を通じて実現していきたいことは何ですか<br>✓ 貴社の事業全体像を教えて下さい | 事業方針（経営者の意思）を確認<br>取組全体を把握 |
| | 重要事項 | ✓ どのような点を重要視して取組をしていますか<br>✓ そのためにどのような取組をされていますか | コアバリューを確認：例）安心・安全 |
| 商流 | 販売先 | ✓ 販売先上位はどこですか，販売先の入れ替わり等変化はどの程度生じますか<br>✓ また，どのように新規の販売先を見つけられますか | 販売先との関係性を確認<br>安定した関係の場合連携がしやすい等 |
| | 調達先 | ✓ 調達先上位はどこですか，どのような点を重視して調達先を決められていますか | コアバリューとの関係性を把握<br>調達先との関係性を確認 |
| 今後の計画 | | ✓ 今後の事業方針としてはどのようなことを計画されていますか（事業の拡大/維持，海外への販路拡大等） | 今後の取組への意思等を確認<br>方向性案を提示する際に活用 。 |
| 外部環境を踏まえた対応 | 自社 | ✓ 例）昨今のプラスチックに対する反応をどのように認識されていますか<br>✓ 例）また，何か具体的な対応・取組をされていますか | 外部環境に対しての認識を確認<br>開示，目標設定や新たな研究開発動向等を確認 |
| | 販売先との関係 | ✓ 例）販売先から外部環境の変化を踏まえ，対応を要請されたり，連携した取組を求められたりされますか（取引条件に関連事項の導入等） | 販売先からの要請等でリスクになりうる事項や販売先が重視する事項を確認 |
| | 調達先への対応 | ✓ 例）外部環境の変化や販売先からの要請を踏まえ，どのような取組をされていますか/していきたいですか | 調達先への取組要請の有無等を確認 |

以上の図表の出典：環境省「ESG地域金融実践ガイド2.1」

## 〔問-25〕 インパクトファイナンス

下記の文章の（　　）に入る組合せとして，適切なものは次のうちどれですか。

　環境省「インパクトファイナンスの基本的考え方」における「インパクトファイナンス」とは，次の4つの要素すべてを満たすものをいう。

　要素1：投融資時に、環境、社会、経済のいずれの側面においても重大な（　①　）インパクトを適切に緩和・管理することを前提に、少なくとも1つの側面において（　②　）なインパクトを生み出す意図を持つもの

　要素2：インパクトの評価および（　③　）を行うもの

　要素3：インパクトの評価結果および（　③　）結果の情報開示を行うもの

　要素4：中長期的な視点に基づき、個々の金融機関／投資家にとって適切なリスク・リターンを確保しようとするもの

(1)　①ネガティブ，②ポジティブ，③モニタリング

(2)　①ポジティブ，②ネガティブ，③検査

(3)　①ポジティブ，②エンゲージメント，③事前評価との比較

### 解説&正解

　環境省は，2020年7月に「インパクトファイナンスの基本的考え方」を示した。インパクトファイナンスとは，これまでのESG投融資の発展形として，適切なリスク・リターンを確保しつつ，環境・社会・経済にポジティブなインパクトをもたらすことを追求するものをいう。

　「インパクトファイナンス」とは，次の4つの要素すべてを満たすものをいう。

　要素1：投融資時に、環境、社会、経済のいずれの側面においても重大なネガティブインパクトを適切に緩和・管理することを前提に、少

なくとも1つの側面においてポジティブなインパクトを生み出す
　　　意図を持つもの
要素2：インパクトの評価およびモニタリングを行うもの
要素3：インパクトの評価結果およびモニタリング結果の情報開示を行う
　　　もの
要素4：中長期的な視点に基づき、個々の金融機関／投資家にとって適切
　　　なリスク・リターンを確保しようとするもの
　以上より，①ネガティブ，②ポジティブ，③モニタリングとなり，(1)が本
問の正解である。

正解　　(1)

取引先のサステナビリティへの取組みをサポートするための基礎知識

─ 〔問－26〕 地方創生 SDGs ──────────

地方創生SDGsに関する説明について，適切な組合せは次のうちどれですか。

① SDGsを原動力とした地方創生の推進は，政策全体の全体最適化，地域課題解決の加速化という相乗効果が期待できるとされている。

② 内閣府では，地方創生SDGs達成に向けて必要な資金を，金融機関を通じて公的資金を貸し付け，地方創生SDGsが実現した後に回収するという，地方創生SDGs金融を進めている。

③ 地方創生SDGs推進による地方創生の目標として，「人口減少と地域経済縮小の克服」「まち・ひと・しごとの創生と好循環の確立」が挙げられている。

(1) ①，②は適切であるが，③は適切でない。
(2) ①，③は適切であるが，②は適切でない。
(3) すべて適切である。

### 解説＆正解

① 持続可能なまちづくりや地域活性化に向けて取組みを推進するに当たっては，SDGsの理念に沿って進めることにより，政策全体の全体最適化、地域課題解決の加速化という相乗効果が期待でき，地方創生の取組みの一層の充実・深化につなげることができるため，SDGsを原動力とした地方創生を推進するものとされている。したがって、①は適切である。

② 地方創生SDGs金融の推進は，「地方公共団体のための地方創生SDGs登録・認証等ガイドライン」を利用し，地域における資金の還流と再投資を目指す。これは，地方創生に向けた地域のSDGs推進に資するビジネスに，公的資金ではなく一層の民間資金が充当され，地域における自律的好循環が形成されることを目指している。したがって，②は適切でない。

③ 地方創生SDGs推進による地方創生の目標として，「人口減少と地域経済

縮小の克服」「まち・ひと・しごとの創生と好循環の確立」が挙げられている。

以上より，①，③は適切であるが②は適切でなく，(2)が本問の正解である。

## 地方創生SDGｓ推進の意義

○地方創生の深化に向けては、**中長期を見通した持続可能なまちづくりに取り組むこと**が重要
○**地方公共団体におけるSDGｓの達成に向けた取組は、地方創生の実現に資するもの**であり、
　その取組を推進することが必要

| 自治体SDG ｓの推進 | ✓ 将来のビジョンづくり　✓ 関係者（ステークホルダー）との連携<br>✓ 体制づくり　　　　　✓ 情報発信と成果の共有<br>✓ 各種計画への反映　　✓ ローカル指標の設定 |
|---|---|

経済　**三側面を統合する施策推進**　社会

環境

人々が安心して暮らせるような、持続可能なまちづくりと地域活性化を実現
地方創生成功モデルの国内における水平展開・国外への情報発信

| 地方創生の目標 | ✓ **人口減少と地域経済縮小の克服**<br>✓ **まち・ひと・しごとの創生と好循環の確立** |
|---|---|

出典：内閣府地方創生推進室「地方創生に向けた SDG ｓの推進について」（2022 年 6 月）

正解　(2)

## 〔問－27〕 自治体における SDGs に向けた取組み

自治体におけるSDGsに向けた取組みに関する説明として，適切でないものは次のうちどれですか。

(1) 自治体におけるSDGsに向けた取組みについて，最も認知が進んでいるのは，内閣府の「地方創生SDGs官民連携プラットフォーム」といわれている。

(2) SDGs未来都市に選定された自治体は，地域事業者との異業種交流会を行ったり，多様なパートナーシップをつくり上げている。

(3) 金融機関によって，自治体と地方創生に関する包括連携協定を進めている地域金融機関も増えている。

### 解説＆正解

(1) 自治体におけるSDGsに向けた取組みについて，最も認知が進んでいるのは，内閣府の「SDGs未来都市・自治体SDGsモデル事業」になる。2018～2024年度（執筆時点）までに、「SDGs未来都市」206都市，「自治体SDGsモデル事業」70事業が選定されている。したがって，(1)は適切でない。

(2) 選択肢のとおりである。こうした自治体を起点とした緩やかな地域のSDGsのためのつながりが，地域の自律的好循環を創出する礎となると考えられる。したがって，(2)は適切である。

(3) 当該地域の企業のことはその地域の金融機関こそが最も詳しいことから，地域によっては自治体と地域業者とのネットワークの形成に金融機関が一役買っている。したがって，(3)は適切である。

以上，経済法令研究会「SDGs・ESGの取組みに貢献するための取引先のサステナブル経営をサポートするコース　TEXT」引用・参照。

正解 (1)

---

### 〔問－28〕 地方創生 SDGs 金融

地方創生SDGs金融の説明として，最も適切なものは次のうちどれですか。

(1) 地方創生SDGs金融は，地域におけるSDGsの達成や地域課題の解決に取り組む地域事業者を，投融資によってのみ支援するためのスキームである。

(2) 地方創生SDGs金融表彰は，地方創生SDGs金融を通じた自律的好循環の形成に資する取組みを表彰対象としている。

(3) 地方創生SDGs金融表彰の評価項目として，もっとも重視されているのは必須記載項目の「独自性」である。

---

**解説&正解**

(1) 「地方創生SDGs金融」は内閣府が推進する施策で，地域におけるSDGsの達成や地域課題の解決に取り組む地域事業者を，金融面（投融資だけでなくコンサルティング等の非金融サービスなども含む）から支援することによって，地域における資金の還流と再投資（「自律的好循環」の形成）の促進を目指している。したがって，(1)は適切でない。

(2) 地方創生SDGs金融表彰は，『地方公共団体等と地域金融機関等が連携した，SDGsを原動力とした地方創生に取り組む地域事業者を支援するスキームの構築において，特に顕著な功績がみられた地方公共団体等及び地域金融機関等を表彰し，地域における資金の還流と再投資を生み出す「地方創生SDGs金融を通じた自律的好循環の形成」に資する取組を普及推進すること』を目的として，2021年11月に第1回公募が開始された。2022年3月，応募59件から，5団体の取組みが表彰された（内閣府「地方創生SDGs金融を通じた自律的好循環形成に向けて」より）。毎年1回の公募が行われる予定である。したがって，(2)は適切である。

(3) 地方創生SDGs金融表彰の評価項目は，①汎用性（モデル性），②官民協働，③実効性，④持続性，⑤透明性，⑥独自性，⑦成果，⑧影響の8項目である（①〜⑤は必須記載項目，⑥〜⑧は加点項目）。したがって，(3)は適

切でない。

## ●第1回地方創生SDGs金融表彰　受賞団体一覧

| 代表地方公共団体等 | 代表地域金融機関等 | 協働応募団体 | 概要 |
|---|---|---|---|
| 神奈川県横浜市 | ヨコハマSDGsデザインセンター | 神奈川銀行<br>かながわ信用金庫<br>川崎信用金庫<br>三井住友銀行<br>三菱ＵＦＪ銀行<br>横浜銀行<br>横浜市信用保証協会<br>横浜信用金庫<br>横浜企業経営支援財団<br>三井住友ファイナンス&リース<br>三井住友海上火災保険 | 横浜市SDGs認証制度"Y-SDGs"及びY-SDGs金融タスクフォースの運用を通じた自律的好循環の形成 |
| 静岡県御前崎市 | 島田掛川信用金庫 | 静岡県牧之原市<br>静岡県藤枝市<br>静岡県榛原郡川根本町<br>静岡県榛原郡吉田町 | 地元企業と学生を行政と金融機関が繋ぐ「Uターン・地元就職応援プロジェクト」 |
| 鳥取県 | 山陰合同銀行 | 鳥取銀行 | 「知る」から「パートナーシップ」まで：リトルで利取る鳥取県版SDGsパッケージ支援 |
| 鳥取県日南町 | 山陰合同銀行 | － | SDGs・脱炭素で地域事業者のサステイナブル経営を後押しするSDGs未来都市の挑戦 |
| 長野県 | 上田信用金庫 | － | 事業者に「気づき」を与え，共に持続可能な地域社会を目指す融資商品<br>「SDGs/ESGサポートローン」 |

※「株式会社」省略。

出典：地方創生「第1回「地方創生SDGs金融表彰」について」

正解　(2)

## 〔問-29〕 ウェディングケーキモデル

ストックホルム・レジリエンスセンターが提案したウェディングケーキモデルに関する記述として，適切な組合せは次のうちどれですか。

① ウェディングケーキモデルは，SDGsの17の目標を階層に分けることによって，各目標の関係性を表す構造モデルである。

② ウェディングケーキモデルの階層は，一番下がまず見直さなければならない「経済圏」，次に「生活圏」，そして一番上がSDGsの目標となる「生物圏（環境圏）」となっている。

③ ウェディングケーキの頂点には目標17が置かれている。

(1) ①，②は適切であるが，③は適切でない。

(2) ①，③は適切であるが，②は適切でない。

(3) ①は適切であるが，②，③は適切でない。

---

### 解説＆正解

① レジリエンスと持続可能性科学の国際的な研究拠点であるスウェーデンのレジリエンス研究所が考案したウェディングケーキモデルでは、SDGsの17の目標を三層のウェディングケーキに見立てて分類し、総合的に整理している。したがって，①は適切である。

② ウェディングケーキモデルは、「経済圏（Economy）」（目標 8.9.10.12）の発展は、「社会圏（Society）」（目標 1.2.3.4.5.7.11.16）によって成り立ち、「社会圏」は、「生物圏（Biosphere）」（目標6.13.14.15）によって支えられて成り立っていることが概念化されている。したがって，②は適切でない。

③ ウェディングケーキモデルの頂点には、目標17の「持続可能な開発のための実施手段を強化し、グローバル・パートナーシップを活性化する」が置かれている。したがって，③は適切である。

以上より，①，③は適切であるが，②は適切でなく，(2)が本問の正解である。

第Ⅰ-2-3-4図　ウェディングケーキモデル

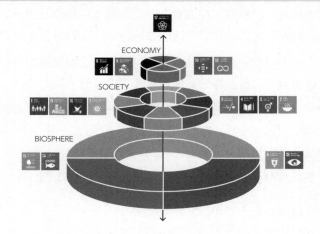

資料：ストックホルムレジリエンスセンターWeb サイト[107]から抜粋。

出典：経済産業省「令和５年版　通商白書」第Ⅰ部第２章第３節１(1)①

正解　　(2)

―〔問-30〕 企業の動き ―――

　企業におけるSDGsに向けた取組みに関する説明として，適切でないのは次のうちどれですか。

(1)　企業のサステナビリティに向けた取組みは，サプライチェーン全体での対応が求められるようになっている。

(2)　グローバル企業や大企業のみならず，その取引先である中小企業に対しても，$CO_2$排出量の把握・削減などが求められるようになっている。

(3)　中小企業に対しては，人権，労働問題への配慮までは求められていない。

解説＆正解

(1)　選択肢のとおり，最近ではサプライチェーン全体での対応が求められるようになっているため，グローバル企業や大企業のみならず，その取引先である中小企業に対しても企業のサステナビリティに向けた取組みが求められている。したがって，(1)は適切である。

(2)　近年，グローバル企業や大企業の取引先である中小企業に対しても，$CO_2$排出量の把握・削減や労働環境の改善などが求められるようになっている。特に自動車や電子機器，医薬品，化学品の関連業界でその要請は強まっていて，中小企業が取引先の大企業からESG関連の取組みの有無について調査票を通じて聞かれるケースが増えてる。1次取引先のみならず，2次以降の取引先にも調査の範囲が拡大している。したがって，(2)は適切である。

(3)　大企業によるサステナビリティ視点の取引先選別がはじまりつつあるため，中小企業においても，環境や人権，労働問題に配慮しているかどうかという視点を持たなければ大企業との取引を失う可能性がある。したがって，(3)は適切でない。

以上，経済法令研究会「SDGs・ESGの取組みに貢献するための取引先のサ

ステナブル経営をサポートするコース　TEXT」引用・参照。

## ─〔問−31〕 ダイバーシティ経営 ─

経済産業省が示すダイバーシティ経営の説明として，適切でないもの
は次のうちどれですか。

(1) ダイバーシティ経営における「多様な人材」確保とは，性別，年
齢，人種や国籍など，人材の属性のみが多様であることをいう。

(2) ダイバーシティ経営の目的は，適材適所を実現し，多様な人材の
能力を最大限発揮させることにより経営上の成果につなげることで
ある。

(3) ダイバーシティ経営を推進する上で，一人ひとりが「職場で尊重
されたメンバーとして扱われている」と認識している状態（インク
ルージョン）の実現が重要である。

### 解説＆正解

(1) 経済産業省が示すダイバーシティ経営とは，「多様な人材を活かし，そ
の能力が最大限発揮できる機会を提供することで，イノベーションを生み
出し，価値創造につなげている経営」のことをいう。「多様な人材」とは，
性別，年齢，人種や国籍，障がいの有無，性的指向，宗教・信条，価値観
などの多様性だけでなく，キャリアや経験，働き方などの多様性も含む。
したがって，(1)は適切でない。

(2) ダイバーシティ経営の目的は，経営戦略を実現する上で不可欠である多
様な人材が意欲的に仕事に取り組める組織風土や働き方の仕組みを整備す
ることを通じて，適材適所を実現し，その能力を最大限発揮させることに
より「経営上の成果」につなげることである。そのために，①経営者の取
組み（経営ビジョン，理念浸透等），②人事管理制度の整備（勤務環境・体
制，能力開発支援施策，評価・報酬制度等），③現場管理職の取組み（業務
指示，業務付与，職場づくり）が必要である。したがって，(2)は適切であ
る。

(3) 選択肢のとおりである。ダイバーシティ経営を推進している企業は，そ
うではない企業に比べて，採用，定着，能力開発，意欲，満足感，売上高，

営業利益といった経営成果が得られやすい傾向がある。したがって，(3)は適切である。

以上，経済産業省「【改訂版】ダイバーシティ経営診断シートの手引き　多様な個を活かす経営へ〜ダイバーシティ経営への第一歩〜」(2021年3月) 参照。

●各経営成果が「良い／うまくいっている」と回答した中堅・中小企業の割合

(ダイバーシティ経営企業100選受賞有無別)

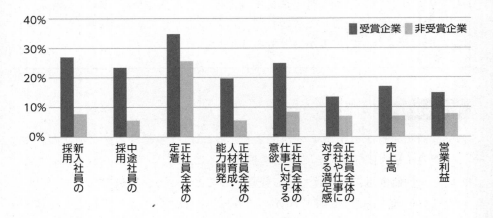

※経済産業省が実施している「ダイバーシティ経営企業100選」，「新・ダイバーシティ経営企業100選」，「100選プライム」を受賞している企業を「ダイバーシティ経営を推進している企業」と定義

※このグラフは経済産業省「多様な人材の確保と育成に必要な人材マネジメントに関する調査」(2020年10〜11月実施) において，上記各項目につき，同業・同規模の他社と比較した2019年度時点の状況を，正社員1,000人以下の中堅・中小企業に限定し，ダイバーシティ経営企業100選受賞企業（ダイバーシティ経営を行う企業）と非受賞企業（ダイバーシティ経営を行っていないと推測される企業）で分析したもの

出典：経済産業省「【改訂版】ダイバーシティ経営診断シートの手引き　多様な個を活かす経営へ〜ダイバーシティ経営への第一歩〜」(2021年3月)

正解 (1)

─〔問-32〕健康経営────

経済産業省による健康経営の説明として，適切でないものは次のうちどれですか。

(1) 健康経営とは，働き方改革の一環として，従業員等の健康保持・増進に資する福利厚生の充実を図る取組みである。

(2) 健康経営を推進する上場企業・大企業・中小企業の認定制度が実施されている。

(3) 健康経営を推進する企業に対し，国・自治体によるインセンティブ措置は設けられているが，金融機関によるインセンティブ措置はない。

**解説＆正解**

(1) 健康経営とは，「従業員等の健康保持・増進の取組が，将来的に収益性等を高める投資であるとの考えの下，健康管理を経営的視点から考え，戦略的に実践すること」である。健康経営により，「従業員の活力向上や生産性の向上等の組織の活性化をもたらし，結果的に業績向上や組織としての価値向上へ繋がることが期待される」。したがって，(1)は適切である。

(2) 優良な健康経営に取り組む法人を「見える化」し，社会的な評価を受けることができる環境を整備するため，健康経営に係る各種顕彰が行われている。①健康経営銘柄，②健康経営優良法人（大規模法人部門），③健康経営優良法人（中小規模法人部門）がある。2024年度の選定・認定状況は，健康経営銘柄2024：52社選定，健康経営優良法人2024：大規模法人部門2,486法人認定，中小企業部門16,228法人認定となっている。また，自治体等における顕彰制度も行われている。したがって，(2)は適切である。

(3) 健康経営に対するインセンティブ措置として，①自治体が行う公共工事，入札審査での入札加点，②自治体による融資優遇，保証料の減額，奨励金や補助金などの提供，③銀行等による融資優遇・保証料の減額や免除，④保険会社等による健康経営優良法人認定制度に対する保険料の割引，国による在留資格審査手続きの簡素化やハローワーク求人票への記載などが挙

げられる。したがって，(3)は適切でない。

　以上，経済産業省 ヘルスケア産業課「健康経営の推進について」（令和3年
10月）参照。

●健康経営に係る顕彰制度

| 大企業 等 |
| --- |

健康経営銘柄

**健康経営優良法人**
**(大規模法人部門(ホワイト500))**
上位500法人

**健康経営優良法人**
**(大規模法人部門)**

- - - - - - - - - -

健康経営度調査
回答法人

- - - - - - - - - -

大企業・大規模法人
（1万者以上）

| 中小企業 等 |
| --- |

**健康経営優良法人**
**(中小規模法人部門(ブライト500))**
上位500法人 ※2020年度から実施

**健康経営優良法人**
**(中小規模法人部門)**

- - - - - - - - - -

健康宣言に取り組む
法人・事業所

- - - - - - - - - -

中小企業・中小規模法人
（300万者以上）

出典：経済産業省 ヘルスケア産業課「健康経営の推進について」
（令和3年10月）

正解　(3)

─〔問－33〕**女性活躍** ──────

女性活躍に関する説明として，適切なものは次のうちどれですか。

(1) 女性活躍推進法では，常時雇用する労働者数101人以上の事業主に対し，女性の活躍に関する数値目標と取組みを定めた行動計画の策定・届出を義務付けている。

(2) 女性活躍推進法にもとづく情報公表を行った企業は，厚生労働大臣の認定を受けることができる。

(3) 女性活躍推進法にもとづく情報公表は，女性の活躍推進企業データベースで行わなければならない。

**解説＆正解**

(1) 女性活躍推進法では，従来，常時雇用する労働者数301人以上の事業主に対し，女性の活躍に関する数値目標と取組みを定めた行動計画の策定・届出を義務付けていた。同法の改正により，2022年4月1日以降，行動計画の策定・届出義務が，101人以上300人以下の事業主にも拡大された。したがって，(1)は適切である。

(2) 女性活躍推進法にもとづき，行動計画の策定・届出を行った企業のうち，女性の活躍に関する取組みの実施状況が優良な企業については，申請により，厚生労働大臣の認定を受けることができる（えるぼし認定（3段階），プラチナえるぼし認定）。認定を受けた企業は，厚生労働大臣が定める認定マークを商品などに付することができる。したがって，(2)は適切でない。

(3) 女性活躍推進法にもとづく情報公表の方法については，厚生労働省が運営する「女性の活躍推進企業データベース」に限らず自社ホームページ等，インターネットの利用等により，学生をはじめとした求職者等が容易に閲覧できるようにすることが求められている。したがって，(3)は適切でない。

●女性活躍推進法における一般事業主の義務・努力義務

| 常時雇用する労働者数が 301 人以上の事業主：義務 |
| --- |

(1) 自社の女性の活躍に関する状況把握，課題分析
(2) 数値目標を定めた行動計画の策定，社内周知，公表（下記 A（①②）の区分よりそれぞれ 1 項目以上，計 2 項目以上）
 ① 女性労働者に対する職業生活に関する機会の提供
  例）男女別の採用における競争倍率，各職階の労働者に占める女性労働者の割合及び役員に占める女性の割合，男女別の再雇用又は中途採用の実績，男女の賃金の差異，など
 ② 職業生活と家庭生活との両立に資する雇用環境の整備
  例）10 事業年度前及びその前後の事業年度に採用された労働者の男女別の継続雇用割合，男女別の育児休業取得率及び平均取得期間，労働者の各月ごとの平均残業時間数等の労働時間（健康管理時間）の状況，など
(3) 行動計画を策定した旨の都道府県労働局への届出
(4) 女性の活躍に関する情報公表（下記 B（①②）の区分よりそれぞれ 1 項目以上，計 2 項目以上）
 ① 女性労働者に対する職業生活に関する機会の提供
  例）採用した労働者に占める女性労働者の割合，管理職に占める女性労働者の割合，男女別の再雇用又は中途採用の実績，など
 ② 職業生活と家庭生活との両立に資する雇用環境の整備
  例）男女の平均継続勤務年数の差異，労働者の 1 月当たりの平均残業時間，有給休暇取得率，など

| 常時雇用する労働者数が 101 人以上 300 人以下の事業主：義務<br>常時雇用する労働者数が 100 人以下の事業主：努力義務 |
| --- |

(1) 自社の女性の活躍に関する状況把握，課題分析
(2) 上記 A について 1 項目以上の数値目標を定めた行動計画の策定，社内周知，公表
(3) 行動計画を策定した旨の都道府県労働局への届出
(4) 女性の活躍に関する上記 B について 1 項目以上の情報公表

出典：厚生労働省 都道府県労働局雇用環境・均等部（室）
「女性活躍推進法に基づく一般事業主行動計画を策定しましょう！」より作成

正解　(1)

---

**〔問－34〕次世代育成支援（子育てサポート）**

次世代育成支援（子育てサポート）に関する説明として，適切でない
ものは次のうちどれですか。

(1) 次世代育成支援対策推進法では，常時雇用する労働者数101人以
上の事業主に対し，次世代育成支援に関する行動計画の策定を義務
付けている。

(2) 行動計画の内容は，子育てをしていない従業員も含めた多様な労
働条件の整備も含まれる。

(3) 次世代育成支援対策推進法にもとづく行動計画を公表した企業は，
厚生労働大臣の認定を受けることができる。

---

**解説＆正解**

(1) 日本の急激な少子化の進行に対応して，次代の社会を担う子どもたちの
健全な育成を支援するため，次世代育成支援対策推進法にもとづき，常時
雇用する労働者数101人以上の事業主に対して，一般事業主行動計画の策
定・届出・公表・従業員への周知が義務付けられている。したがって，(1)
は適切である。

(2) 一般事業主行動計画の内容は，従業員の仕事と子育ての両立を図るため
の雇用環境の整備や，子育てをしていない従業員も含めた多様な労働条件
の整備などに取り組むにあたっての，計画期間・目標・目標達成のための
対策等である。したがって，(2)は適切である。

(3) 次世代育成支援対策推進法にもとづき，一般事業主行動計画を策定した
企業のうち，計画に定めた目標を達成し，一定の基準を満たした企業は，
申請を行うことによって「子育てサポート企業」として，厚生労働大臣の
認定（くるみん認定・プラチナくるみん認定）を受けることができる。行
動計画を公表しなければ認定を受けられないわけではない。

　なお，2022年4月1日以降，くるみん認定・プラチナくるみん認定の認
定基準が引き上げられた（従前の認定基準によるトライくるみん認定を新
設）。したがって，(3)は適切でない。

## ●次世代育成支援対策推進法にもとづく一般事業主行動計画の内容

| 1 雇用環境の整備に関する事項 | | |
|---|---|---|
| (1) | 妊娠中の労働者及び子育てを行う労働者等の職業生活と家庭生活との両立等を支援するための雇用環境の整備 | □妊娠中及び出産後における配慮<br>□男性の子育て目的の休暇の取得促進<br>□より利用しやすい育児休業制度の実施<br>□育児休業を取得しやすく，職場復帰しやすい環境の整備<br>□子育てをしつつ活躍する女性労働者を増やすための環境の整備<br>□短時間勤務制度等の実施<br>□事業所内保育施設の設置及び運営<br>□子育てサービスの費用の援助の措置の実施<br>□子どもの看護のための休暇の措置の実施<br>□職務や勤務地等の限定制度の実施<br>□その他子育てを行う労働者に配慮した措置の実施<br>□不妊治療を受ける労働者に配慮した措置の実施<br>□諸制度の周知<br>□育児等退職者についての再雇用特別措置等の実施 |
| (2) | 働き方の見直しに資する多様な労働条件の整備 | □時間外・休日労働の削減<br>□年次有給休暇の取得の促進<br>□短時間正社員等の多様な正社員制度の導入・定着<br>□テレワーク等の導入<br>□職場優先の意識や固定的な性別役割分担意識等の是正のための取組 |
| 2 その他の次世代育成支援対策に関する事項 | | |
| (1) | 子育てバリアフリー | |
| (2) | 子ども・子育てに関する地域貢献活動 | □子ども・子育てに関する活動の支援<br>□子どもの体験活動等の支援<br>□子どもを交通事故から守る活動の実施や支援<br>□安全で安心して子どもを育てられる環境の整備 |
| (3) | 企業内における「子ども参観日」の実施 | |
| (4) | 企業内における学習機会の提供等による家庭の教育力の向上 | |
| (5) | 若年者の安定就労や自立した生活の促進 | |

出典：厚生労働省「行動計画策定指針（抄）（平成26年11月告示，令和3年2月改正）」より作成

正解 (3)

## 〔問-35〕 グリーンウォッシュ／SDGsウォッシュ

グリーンウォッシュ／SDGsウォッシュの説明として，適切でない
ものは次のうちどれですか。

(1) 実態がないのに，または実態以上に環境（SDGs）に配慮してい
るように見せかけることは，グリーンウォッシュ／SDGsウォッ
シュになり得る。

(2) 環境（SDGs）に関して，不都合な事実を伝えず，良い情報のみ
を伝達することは，グリーンウォッシュ／SDGsウォッシュになり
得る。

(3) グリーンウォッシュ／SDGsウォッシュを回避するための留意点
等を示した消費者庁のガイドラインが策定されている。

### 解説＆正解

英語でホワイトウォッシュとは「ごまかし」「粉飾」を表す表現である。

グリーンウォッシュは，実態がないのに環境に配慮しているように見せか
ける，実態以上に環境に配慮しているように見せかける，不都合な真実を伝
えず良い情報のみを伝達しているなど，事実と異なる環境コミュニケーショ
ンを批判する用語として，1980年代から使われるようになってきた（電通
「SDGsコミュニケーションガイド」より）。

SDGsウォッシュはさらにここから派生してできた造語で，SDGsという言
葉の響きによって，実態以上に「社会のため」「社会課題とのかかわり」を連
想させるコミュニケーションを意味する。

したがって，(1)(2)は適切である。

なお，2021年12月に公表された「サステナビリティ・コミュニケーション
ガイド」は，電通グループの「サステナビリティ推進オフィス」および「電
通Team SDGs」が作成したものである。

サステナビリティに関するコミュニケーションを行う際の検討・企画・制
作・発信など各段階のチェックリストと，押さえるべき環境と人権に関する
視点等がまとめられている。したがって，(3)は適切でない。

●様々な「ウォッシュ」

whitewash …………………… ごまかす，粉飾する，うわべを飾る，という意味。
　　　　　　　　　　　　 部分的に強調して事実を伝える，
　　┌ 派生　　　　　　　　 都合の良い解釈をする，といったニュアンス。
　　│
　　↓
greenwash …………………… 環境問題に関連した whitewash

bluewash 　…………………… 国連のお墨付きがあるかのように見せかける whitewash

　　┌ さらに
　　│ 派生
　　↓
SDGs wash……………………… SDGs に関連した whitewash

Rainbow wash ………… SDGs に関連した whitewash（SDGs の 17 色から）
　　　　　　　　　　　　 ※ LGBTQ に関連した whitewash を指す場合も


●表現制作におけるウォッシュを回避するための視点

① 根拠がない，情報源が不確かな表現を避ける

② 事実よりも誇張した表現を避ける

③ 言葉の意味が規定しにくいあいまいな表現を避ける

④ 事実と関係性の低いビジュアルを用いない

⑤ 製品，サービスの全体像との整合性がある

⑥ 条件付きの場合は，明確に示す

⑦ 耐久性や廃棄についての情報，ラベルを正しくつける

⑧ 正しい選択をするために必要な情報を隠さない

⑨ 載せきれない情報にも簡単にアクセスできるように配慮（QR コード，
　 WEB サイトなど）する


出典：電通「サステナビリティ・コミュニケーションガイド－実践的チェックリストと
　　　　　　　　　　　　　　　　背景となる社会の変化」より作成

正解 （3）

## 〔問－36〕 具体的な成果

企業が問われているSDGsへの取組みに関する具体的な成果に関する説明として，適切なものは次のうちどれですか。

(1) 企業がSDGsウォッシュと批判されないためには，自社の事業が環境・社会に対してどのような影響を及ぼし得るのか，具体的に説明できるようにしておくことが重要である。

(2) 近年，SDGsへの取組みが取り上げられ始めたため，「環境影響評価」「環境アセスメント」と呼ばれる仕組みが整備された。

(3) 本業でステークホルダーに悪影響を与えていたとしても，別の社会貢献事業でカバーすれば問題になることはない。

### 解説＆正解

(1) 選択肢のとおり，企業がSDGsウォッシュと批判されないためには，SDGsと事業との関連などについて具体的に説明できるようにしておくことが重要である。したがって，(1)は適切である。

(2) 事業を実施する地域（拠点）で自然環境への影響に関する評価制度については，SDGsへの取組みが取り上げられる以前からも「環境影響評価」「環境アセスメント」と呼ばれる制度があった。したがって，(2)は適切でない。

(3) 本来，企業として向き合うべき重要な課題ではなく，簡単に貢献できそうな課題やこれまでやってきた実績のある課題だけを取り上げて「こんなに貢献しています」とPRするようなことも批判の対象となる。本業でステークホルダーに与えている悪影響を，別の社会貢献事業でカバーしようとする例も批判の対象となることがある。したがって，(3)は適切でない。

以上，経済法令研究会「SDGs・ESGの取組みに貢献するための取引先のサステナブル経営をサポートするコース　TEXT」引用・参照。

**正解** (1)

## 〔問-37〕 環境表示

環境省の「環境表示ガイドライン」における環境表示に関する説明として，適切でないものは次のうちどれですか。

(1) 環境表示とは，製品やサービスの環境に配慮した点や環境負荷低減効果等の特徴を説明したものである。

(2) 商品やサービスの取引に直接的な関係のない，事業活動，イメージ広告，企業姿勢等に関する表示は，環境表示に含まない。

(3) 環境表示には，根拠にもとづく正確な情報であること，消費者に誤解を与えないものであること，などが求められる。

### 解説&正解

(1) 環境省の「環境ガイドライン」（平成25年3月版）では，環境表示とは，「製品の原料採取から製造，流通，使用，リサイクル・廃棄の段階において，環境に配慮した点や環境負荷低減効果等の特徴を説明したもの」をいう。『環境表示には「環境ラベル」及び「宣言」が含まれ，説明文，シンボル及び図表を通じた製品またはサービスの環境主張はすべて該当』する。したがって，(1)は適切である。

(2) 環境表示の具体例としては，製品や包装，カタログや店頭広告・店頭表示，ウェブサイト，テレビや新聞等の広告媒体などで見られる，説明文，シンボルマーク，図表，環境ラベル，宣言などがあげられる。また，環境ガイドラインでは，景品表示法の対象となる環境表示に加え，商品やサービスの取引に直接的な関係のない環境表示（事業活動，イメージ広告，企業姿勢等）も適用範囲に含めている。したがって，(2)は適切でない。

(3) 適切な環境表示の条件は，①根拠にもとづく正確な情報であること，②消費者に誤解を与えないものであること，③環境表示の内容について検証できること，④あいまい又は抽象的でないこと，の4点である。グリーン購入法の対象となる製品やサービスについては，環境省の「特定調達物品等の表示の信頼性確保に関するガイドライン」により，表示の信頼性確保の考え方と必要な取組みがまとめられている。したがって，(3)は適切である。

●環境表示の信頼性確保にはサプライチェーンの各段階の取組みが必要

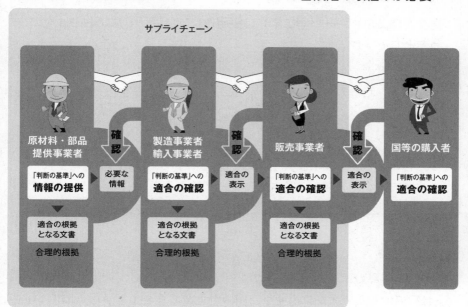

サプライチェーン

| 原材料・部品 提供事業者 | 確認 | 製造事業者 輸入事業者 | 確認 | 販売事業者 | 確認 | 国等の購入者 |
|---|---|---|---|---|---|---|
| 「判断の基準」への **情報の提供** | 必要な 情報 | 「判断の基準」への **適合の確認** | 適合の 表示 | 「判断の基準」への **適合の確認** | 適合の 表示 | 「判断の基準」への **適合の確認** |
| 適合の根拠 となる文書 | | 適合の根拠 となる文書 | | 適合の根拠 となる文書 | | |
| 合理的根拠 | | 合理的根拠 | | 合理的根拠 | | |

**特定調達物品等の表示に関する規制**

!
注意点

　「不当景品類及び不当表示防止法（景品表示法）」では、グリーン購入法に基づく特定調達物品等を含む全ての製品・サービスの取引に関して行われる不当表示についても規制しています。特定調達物品等に関して「判断の基準」への適合に係る表示が不適切に行われているなど一般消費者に誤認される表示が行われている場合は、同法第4条第1項が禁止する優良誤認表示（同項第1号）その他の不当表示に該当するおそれがあります。
　景品表示法は、平成25年に発生したいわゆる食品表示等問題を受け、平成26年に2度にわたって改正されました。これらの改正では、事業者が講ずべき必要な措置の導入や行政の監視指導態勢の強化、違反事案に対する課徴金制度の導入等の新たな措置が盛り込まれています。

出典：環境省「グリーン購入法の特定調達物品等における表示の信頼性の確保に向けて」

正解　（2）

再生可能エネルギー（再エネ）の説明として，適切でないものは次の
うちどれですか。

(1)　再生可能エネルギーとは，温室効果ガスを排出しない発電方法で
発電された電力のことをいう。

(2)　RE100は，電力消費の100％再エネ化を目指す大規模事業者向け
のイニシアティブである。

(3)　再エネ100宣言 RE Actionは，電力消費の100％再エネ化を目指
す国内中小企業向けのイニシアティブである。

**解説＆正解**

(1)　太陽光・風力・地熱・中小水力・バイオマスといった再生可能エネルギ
ーは，温室効果ガスを排出せず，国内で生産できることから，エネルギー
安全保障にも寄与できる有望かつ多様で，重要な低炭素の国産エネルギー
源として位置づけられている（経済産業省 資源エネルギー庁ウェブサイト
より）。再生可能エネルギーには，①太陽光発電，②風力発電，③バイオ
マス，④水力発電，⑤地熱発電，⑥太陽熱利用，⑦雪氷熱利用，⑧温度差
熱利用，⑨地中熱利用，⑩その他（空気熱，波力発電等）がある。電力だ
けに限定されるものではない。したがって，(1)は適切でない。

(2)　RE100は，2014年に結成された企業連合で，事業を100％再エネ電力（再
生可能エネルギーで発電された電力）でまかなうことを目指している。参
加企業には，遅くとも2050年までに100％再エネ化を達成することが求め
られる。参加企業は世界で356社（うち日本企業66社）である（2022年3
月17日時点）。年間消費電力量が100GWh（1億kWh）以上の大規模事業
者が対象となっている（日本企業は特例で50GWh以上）。したがって，(2)
は適切である。

(3)　再エネ100宣言 RE Actionは，RE100の参加要件に満たない国内の中小
企業向けのイニシアティブとして2019年に設立されたもので，367団体が
参加している（2024年5月時点）。参加企業には，遅くとも2050年までに

使用電力を100%再エネに転換する目標を設定し，対外的に公表すること
が求められる。また，アンバサダーとして省庁・都道府県・政令指定都市
（外務省・環境省・防衛省，大阪府・鳥取県，川崎市・浜松市等）がPR等
の支援を行っている。したがって，(3)は適切である。

## ●再エネ電力導入の手法

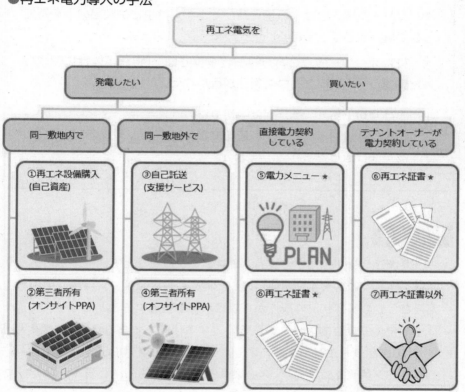

出典：再エネ100宣言 RE Action

正解 (1)

───〔問－39〕持続可能な調達───

持続可能な調達に関する記述として，適切な組合せは次のうちどれですか。

① CSR調達の取組みは，サプライチェーン全体で社会的責任を果たそうとする活動である。

② グリーン購入とは，環境負荷ができるだけ小さい製品のみを優先して購入することである。

③ 東京オリンピック・パラリンピックでは，「持続可能性に配慮した調達コード」にもとづく調達が行われた。

(1) ①は適切であり，②，③は適切でない。

(2) ①，③は適切であり，②は適切でない。

(3) ②，③は適切であり，①は適切でない。

**解説＆正解**

① CSR調達とは，企業が「製品，資材および原料などを調達するにあたり，品質，性能，価格および納期といった従来からの項目に，環境，労働環境，人権などへの対応状況の観点から要求項目を追加することで，サプライチェーン全体で社会的責任を果たそうとする活動」である（「CSR調達入門書」（2018年9月1日第2版）より）。したがって，①は適切である。

② グリーン購入とは，「購入の必要性を十分に考慮し，品質や価格だけでなく環境や社会への影響を考え，環境負荷ができるだけ小さく，かつ社会面に配慮した製品やサービスを，環境負荷の低減や社会的責任の遂行に努める事業者から優先して購入すること」である（グリーン購入ネットワーク「グリーン購入原則」より）。サービスもグリーン購入の対象であり，考慮する範囲には社会への影響も含まれ，考慮の対象には購入する製品・サービスだけでなく，供給する事業者の取組みも含まれる。したがって，②は適切でない。

③ 東京オリンピック・パラリンピック競技大会組織委員会（組織委員会）

は，「持続可能性に配慮した調達コード」にもとづいて，「持続可能性に配慮した大会の準備・運営を実現するため，透明性やデュー・ディリジェンスの概念を含む4つの原則にもとづいて持続可能性に配慮した調達を行」った。したがって，③は適切である。

4つの原則とは，(i)どのように供給されているのかを重視する，(ii)どこから採り，何を使って作られているのかを重視する，(iii)サプライチェーンへの働きかけを重視する，(iv)資源の有効活用を重視する，である（「東京2020オリンピック・パラリンピック競技大会　持続可能性に配慮した調達コード（第3版）」より）。組織委員会が事業者を選定する際には，持続可能性の確保に向けた取組み状況に関するチェックリストや誓約書の提出が求められた。

なお，2025年に開催予定の大阪万博においても，物品やサービスの調達プロセスにおける持続可能性への配慮を実現するための基準や運用方法等を定めた「持続可能性に配慮した調達コード」が策定されている（2022年6月第1版，2023年7月第2版，2024年5月第3版）。

以上より，①，③は適切であり，②は適切でなく，(2)が本問の正解である。

正解　(2)

## 〔問－40〕 持続可能な調達アクションプログラム

グリーン購入ネットワーク（GPN）「持続可能な調達アクションプログラム」の説明として，適切でないものは次のうちどれですか。

(1) 自社の製品・サービス，企業としての取組みをセルフチェックすることができる。

(2) 自社のサプライヤーの製品・サービス，企業としての取組みを確認し，サプライチェーン全体の状況をチェックすることに活用できる。

(3) プログラム参加企業の個別の結果や取組み状況は公表される。

### 解説＆正解

(1) グリーン購入ネットワーク（GPN）が開発・運用している「持続可能な調達アクションプログラム」は，環境面への配慮に加え，人権・労働等の社会面等へも配慮された製品やサービス等の購入（持続可能性を考慮した購入）を推進するために，事業者が自社の取組みと自社の製品・サービスにおける環境面および社会面の取組みをセルフチェックするプログラムである。チェックリスト方式によるSDGsなどの課題整理ツールとしても活用することができる。環境省の「持続可能な開発目標（SDGs）活用ガイド」においても紹介されている。したがって，(1)は適切である。

(2) 持続可能な調達アクションプログラムのチェックリストは，製品の原材料調達における環境面・社会面への配慮やサプライヤーへの確認レベル等，サプライチェーン全体の状況をチェックすることにも活用できる。したがって，(2)は適切である。

(3) 参加企業（GPN会員）にはフィードバックレポートが提供されるが，プログラム参加企業の個別の結果や取組み状況は公表されない。したがって，(3)は適切でない。

以上，グリーン購入ネットワーク（GPN）ウェブサイト「持続可能な調達アクションプログラムとは」参照。

● GPN「持続可能な調達アクションプログラム」（評価チェックリストの概要）

| 〔ア〕企業情報 | 基本情報／報告書の発行状況／所属団体／表彰制度／格付け・SRI調査の状況 |
|---|---|
| 〔イ〕自社のグリーン購入の取り組み | グリーン購入の取り組み |
| 〔ウ〕自社の環境面・社会面の取り組み | 法令順守／環境への取り組み／人権・労働等／公正取引・倫理／情報セキュリティ／その他 |
| 〔エ〕自社の製品・サービスに関する環境面・社会面の取り組み | 入札対象製品もしくは PR 商品／環境ラベルの取得状況，LCA，環境配慮設計等／製品・サービスの原材料／その他 |
| 〔オ〕サプライチェーンへの取り組み | サプライヤーへの確認等 |

※東京2020オリンピック・パラリンピック競技大会組織委員会が定めた「持続可能性に配慮した調達コード（第1版）」（オリパラ調達コード）との対応

| 項目 | | 設問 | | 選択肢 | | 回答 | * |
|---|---|---|---|---|---|---|---|
| **[イ]自社のグリーン購入の取り組み** | | | | | | | |
| **A．グリーン購入の取り組み** | | | | 7　9　12　13　14　15 | | | |
| | （1） | グリーン購入調達方針 | 1 | 方針を定め、公表している | | | |
| | | | 2 | 方針を定めているが、公表していない | | | |
| | | | 3 | 方針等は定めていない | | | |
| | （2） | グリーン購入の取り組み状況 | 1 | 調達方針をもとに組織的に取り組んでいる | | | |
| | | | 2 | 担当者の判断、または調達方針は策定していないが組織的に取り組んでいる | | | |
| | | | 3 | 取り組んでいない | | | |
| | グリーン購入の取り組み分野（GPNグリーン購入ガイドライン、グリーン購入法特定調達品目） | | | | | | |
| | 1.紙類 | | 8.家電製品 | 15.インテリア・寝装寝具 | 22.ホテル・旅館 | | |

出典：グリーン購入ネットワーク（GPN）「持続可能な調達アクションプログラムとは」

正解　（3）

97

日本経済団体連合会（経団連）のSociety 5.0に関する取組みとして，適切でないものは次のうちどれですか。

(1) 経団連は，「Society 5.0の実現は人類が協力して取り組むべき課題であり，SDGsの達成とも軌を一にする」として，Socity5.0を推進している。

(2) 投資家のESG投資と，企業等のSociety 5.0は，未来志向である（将来性），経済成長・リターン向上を図る（経済性），SDGs達成を目指す（持続可能性）の3つの共通点を持つとされる。

(3) Society 5.0は目指すべき未来社会の姿を定性的なビジョンとして描いたもので，その経済効果については未知数である。

### 解説&正解

(1) Society 5.0とは，狩猟社会（Society 1.0），農耕社会（Society 2.0），工業社会（Society 3.0），情報社会（Society 4.0）に続く，新たな社会を指すもので，第5期科学技術基本計画（2016年）においてわが国が目指すべき未来社会の姿として提唱された。日本経済団体連合会（以下「経団連」という）は，2018年11月に「Society5.0－ともに創造する未来－」と題する提言を発表した。提言では，Society 5.0を「創造社会」と呼ぶこととし，「デジタル革新と多様な人々の想像・創造力の融合によって，社会の課題を解決し，価値を創造する社会」と定義した。Society5.0では，「健康・医療，農業・食料，環境・気候変動，エネルギー，安全・防災，人やジェンダーの平等などの様々な社会的課題の解決とともに，国や人種，年齢，性別を越えて必要な人に，必要なモノ・サービスが，必要なだけ届く快適な暮らしが実現」するとされ，「Society 5.0の実現は人類が協力して取り組むべき課題であり，SDGsの達成とも軌を一にする」との考え方が示されている。したがって，(1)は適切である。

(2) 経団連・東京大学・年金積立金管理運用独立行政法人（GPIF）は，2020年3月，共同研究報告書「ESG投資の進化，Society 5.0の実現，そして

SDGsの達成へ－課題解決イノベーションへの投資促進－」を公表し，Society 5.0 for SDGsの実現に向けた今後のアクションプランに合意した。同報告書では，投資家のESG投資と，企業等のSociety 5.0は，未来志向である（将来性），経済成長・リターン向上を図る（経済性），SDGs達成を目指す（持続可能性）の3つの共通点を持ち，「両者は相互に結びつくことが期待される」としている。したがって，(2)は適切である。

(3) また，同報告書において，Society5.0が実現した場合の経済効果として，2030年に約250兆円の新たな成長機会が見込めるとの試算結果が示されている。したがって，(3)は適切でない。

● Society5.0実現による成長機会

### 試算結果のイメージ

（名目GDP/兆円）

Society 5.0 実現が上手く進めば
2030年に新成長機会 250兆円

名目GDP約 **900** 兆円（注）の可能性

点線は1960-1990年
までのトレンド

ベースラインケース
2030年約650兆円

（出所）野村(2020)（年）

（注）名目GDPは2015年を起点、2016-19年の4年間の経済成長率の実績値を織り込んでいない

出典：日本経済団体連合会・東京大学・年金積立金管理運用独立行政法人「ESG投資の進化，Society5.0の実現，そしてSDGsの達成へ－課題解決イノベーションへの投資促進－」

正解 (3)

─〔問－42〕 イノベーションの創出と Society5.0 ──────

イノベーションの創出とSociety5.0に関する記述として，適切な組合せは次のうちどれですか。

① Society 5.0とは，わが国が目指すべき未来社会の姿であり，「サイバー空間とフィジカル空間を高度に融合させたシステムにより，経済発展と社会的課題の解決を両立する人間中心の社会」をいうとされる。

② Society 5.0として目指す社会は，DXにより「直面する脅威や先の見えない不確実な状況に対し，持続可能性と強靱性を備え，国民の安全と安心を確保するとともに，一人ひとりが多様な幸せ（well-being）を実現できる社会」であることが宣言された。

③ 戦略的イノベーション創造プログラムにおいては，Society5.0の実現に向けてバックキャストにより，社会的課題の解決や日本経済・産業競争力にとって重要な課題を設定する等の取組みがなされている。

(1) ①，②は適切であるが，③は適切でない。

(2) ①，③は適切であるが，②は適切でない。

(3) すべて適切である。

---

解説＆正解

① Society 5.0は，狩猟社会（Society 1.0），農耕社会（Society 2.0），工業社会（Society 3.0），情報社会（Society 4.0）に続く新たな社会であり，わが国が目指すべき未来社会の姿であり，「サイバー空間とフィジカル空間を高度に融合させたシステムにより，経済発展と社会的課題の解決を両立する人間中心の社会」をいうとされる。したがって，①は適切である。

② 令和3年版科学技術・イノベーション白書によると，Society 5.0として目指す社会は，ITCの浸透によって人々の生活をあらゆる面でより良い方向に変化させるデジタルトランスフォーメーションにより，「直面する脅威や先の見えない不確実な状況に対し，持続可能性と強靱性を備え，国民

の安全と安心を確保するとともに，一人ひとりが多様な幸せ（well-being）を実現できる社会」であることを宣言しました，とされている。したがって，②は適切である。

③ 戦略的イノベーション創造プログラムにおいては，Society5.0の実現に向けてバックキャストにより，社会的課題の解決や日本経済・産業競争力にとって重要な課題を設定する等の取組みがなされている。したがって，③は適切である。

以上より，(3)が本問の正解である。

## 戦略的イノベーション創造プログラム（SIP）の概要

**＜SIPの仕組み＞** ※赤字はSIP第3期で強化する取組
○総合科学技術・イノベーション会議（CSTI）が、Society5.0の実現に向けてバックキャストにより、社会的課題の解決や日本経済・産業競争力にとって重要な課題を設定するとともに、そのプログラムディレクター（PD）・予算配分をトップダウンで決定。
○基礎研究から社会実装までを見据えて一気通貫で研究開発を推進。
○府省連携が不可欠な分野横断的な取組を産学官連携により推進。マッチングファンド等による民間企業の積極的な貢献。
○技術だけでなく、事業、制度、社会的受容性、人材の視点から社会実装を推進。
○社会実装に向けたステージゲートやエグジット戦略（SIP後の推進体制）を強化。
○スタートアップの参画を積極的に促進。

**＜SIPの推進体制＞**

**＜各事業期間の課題数・予算額＞**
第1期（平成26年度から平成30年度まで5年間）
　○課題数：11
　○予算額：1〜4年目：325億円、5年目：280億円
第2期（平成30年度から令和4年度まで5年間）
　○課題数：12
　○予算額：1年目：325億円、2〜5年目：280億円
第3期（令和5年度から令和9年度まで5年間）
　○課題数：14
　○予算額：令和5年度予算案では280億円を計上

総合科学技術・イノベーション会議
Council for Science, Technology and Innovation

2

出典：内閣府 科学技術・イノベーション推進事務局「戦略的イノベーション創造プログラム（SIP）概要」

正解 (3)

---

## 〔問-43〕 バックキャスティング

バックキャスティングに関する記述として，適切な組合せは次のうちどれですか。

① 「バックキャスティング」とは，最初に望ましい未来を目標においた上で，そこから遡って現在すべきことを考えていくという発想である。

② 企業がサステナビリティに向けた取組みを検討する際には，まず，1年後，5年後といった短期的な未来に何ができるか，現実的な実行ビジョンを描くことが重要となる。

③ 日本企業として，各国政府や国際機関によって定められた法令・規制を遵守し対応する「ルール対応」だけでなく，長期視点にもとづき，国際的なルールそのものをつくるために動く「ルールメイキング」も重要である。

(1) ①は適切であるが，②，③は適切でない。

(2) ①，②は適切であるが，③は適切でない。

(3) ①，③は適切であるが，②は適切でない。

---

### 解説＆正解

① 選択肢のとおりである。したがって，①は適切である。

② サステナビリティに向けた取組みを推進するときには，自社の事業内容・規模などを踏まえて重要課題を特定し，優先順位を付けながら，長期的なビジョンとその実現に向けた取組み方針を策定していくことが大切である。特に，気候変動などの問題については，10年後，30年後といった長期的な先を見据え，「バックキャスティング」の発想で，既存の中期経営計画の計画期間を超える長期的なビジョンを描いて，そのために必要な方策を検討することが必要である。したがって，②は適切でない。

③ 長期視点にもとづき，国際的なルールそのものをつくるために動く「ルールメイキング」も，今後日本企業に求められる姿勢の1つとなる。日本

企業は，各国政府や国際機関によって定められた法令・規制を遵守し対応する「ルール対応」は得意であるが，ルールに対応するだけの姿勢では，国際競争力を十分に発揮することができないため，国際社会の一員として，ルールそのものをつくることへの主体的な関わりが必要となる。したがって，③は適切である。

以上より，①，③は適切であるが，②は適切でなく，(3)が本問の正解である。

以上，経済法令研究会「SDGs・ESG の取組みに貢献するための取引先のサステナブル経営をサポートするコース　TEXT」引用・参照。

正解　　(3)

## 〔問－44〕 金融機関による金融面の支援

金融機関による金融面の支援に関する説明として，適切でないものは次のうちどれですか。

(1) 近年，環境問題や社会課題の解決を金融面から誘導する一連の手法や活動は「サステナブルファイナンス」と定義され，制度化に向けた作業が進んでいる。

(2) 国内外でESG投資が増えているなか，ESG債，SDGs債など，様々な金融商品が市場に誕生している。

(3) サステナブルファイナンスは，主に一部の上場企業や大企業を中心に取り組まれている。

### 解説＆正解

(1) 選択肢のとおり，「サステナブルファイナンス」の制度化に向けた作業が進んでいる。したがって，(1)は適切である。

(2) 国内外でESG投資が増えているなか，ESG債，SDGs債，グリーンローン，サステナビリティ・リンク・ローンなど，様々な金融商品が市場に誕生した。したがって，(2)は適切である。

(3) サステナブルファイナンスの流れは，もはや一部の上場企業や大企業のものではなく，最近では地域金融機関や地域企業においても取り扱いが徐々に増加している。したがって，(3)は適切でない。

　　以上，経済法令研究会「SDGs・ESGの取組みに貢献するための取引先のサステナブル経営をサポートするコース　TEXT」引用・参照。

正解　(3)

― 〔問－45〕 認定経営革新等支援機関 ―

認定経営革新等支援機関（認定支援機関）に関する記述として，最も適切なものは次のうちどれですか。

(1) 中小企業支援に関する専門的知識や実務経験が一定以上の個人，法人，中小企業支援機関等を認定対象としている。

(2) 国の補助事業・税制等を利用するにあたり，認定支援機関の関与を必須とするものがある。

(3) 金融機関は金融庁所管業種となるため，経営革新等支援機関の認定対象に含まれない。

### 解説＆正解

(1) 中小企業支援を行う支援事業の担い手の多様化・活性化を図るため，2012年8月に中小企業経営力強化支援法（現在の「中小企業等経営強化法」）が施行され，中小企業に対して専門性の高い支援事業を行う経営革新等支援機関（認定支援機関）を認定する制度が創設された。税務，金融および企業財務に関する専門的知識や支援に係る実務経験が一定レベル以上の個人，法人，中小企業支援機関等を経営革新等支援機関として認定する対象としている。多くの金融機関も，経営革新等支援機関として認定されている。したがって，(1)は適切でない。

(2) 認定支援機関の関与が必須とされる国の補助事業等として，①事業再構築補助金，②中小企業経営強化税制（C類型），③個人事業者の遺留分に関する民法特例（経営承継円滑化法），④個人版事業承継税制（経営承継円滑化法），⑤先端設備等導入計画（中小企業等経営強化法），⑥法人版事業承継税制（経営承継円滑化法），⑦事業承継・引継ぎ補助金，⑧経営改善計画策定支援事業，⑨経営力強化保証制度がある（2024年5月時点）。したがって，(2)は適切である。

(3) 2024年4月24日時点で，全認定支援機関34,000（本店ベース）以上のうち，銀行8・地銀99・信用金庫253・信用組合97，計457の金融機関が経営革新等支援機関として認定を受けている。したがって，(3)は適切でない。

正解 (2)

---

## 〔問－46〕認定支援機関の関与が必須とされる計画等

認定支援機関の関与が必須とされる計画等の説明として，適切でないものは次のうちどれですか。

(1) 経営力向上計画の認定を受けたデジタル化設備については，即時償却または取得価額の10％（資本金3,000万円超1億円以下の法人は7％）の税額控除を選択適用できる。

(2) 先端設備等導入計画を受けた先端設備等については，固定資産税が5年間軽減される。

(3) 特例承継計画の認定を受けた場合，非上場株式等の承継に係る相続税・贈与税の猶予・免除を受けられる。

### 解説＆正解

(1) 経営力向上計画（中小企業等経営強化法）においては，事業者が経済産業局に経営力向上計画の認定を申請し，認定を受けた場合には，当該計画にもとづいて投資した設備について，即時償却または取得価額の10％（資本金3,000万円以上は7％）の税額控除を選択適用できる。A～D類型のうち，C類型（デジタル化設備）に関しては，当該投資計画について，認定経営革新等支援機関による事前確認を経た上で，経済産業大臣（経済産業局）の確認を受ける必要がある。なお，A類型は工業会発行の生産性向上要件証明書，B類型・D類型は経済産業局による確認書が必要である。したがって，(1)は適切である。

(2) 先端設備等導入計画（中小企業等経営強化法）においては，事業者が市区町村に先端設備等導入計画の認定を申請し，認定を受けた場合には，当該計画にもとづいて投資した設備について，固定資産税が3年間軽減される（軽減率はゼロから2分の1の範囲内で市区町村が決定）。認定支援機関は，認定申請書に添付する確認書を作成し，生産・販売活動等に直接つながる先端設備等を導入することにより，目標を達成し得るような労働生産性の向上が見込めるかを記載する。したがって，(2)は適切でない。

(3) 特例承継計画（経営承継円滑化法）においては，非上場の株式等を先代

経営者から後継者が相続または贈与により取得した場合において，経営承継円滑化法に係る経済産業大臣の認定を受けたときは，相続税・贈与税の納税が猶予および免除される。認定支援機関は，事業者が都道府県に提出する特例承継計画に添付する「所見」を作成し，特例承継計画に記載のある取組みへの評価や，実現可能性（およびその実現可能性を高めるための指導・助言）を記載する。したがって，(3)は適切である。

## ●中小企業経営強化税制の対象設備等

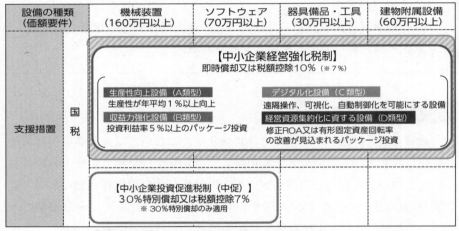

| 設備の種類<br>（価額要件） | | 機械装置<br>（160万円以上） | ソフトウェア<br>（70万円以上） | 器具備品・工具<br>（30万円以上） | 建物附属設備<br>（60万円以上） |
|---|---|---|---|---|---|
| 支援措置 | 国税 | 【中小企業経営強化税制】即時償却又は税額控除10%（※7%）<br>生産性向上設備（A類型）生産性が年平均1％以上向上<br>収益力強化設備（B類型）投資利益率5％以上のパッケージ投資<br>デジタル化設備（C類型）遠隔操作、可視化、自動制御化を可能にする設備<br>経営資源集約化に資する設備（D類型）修正ROA又は有形固定資産回転率の改善が見込まれるパッケージ投資 | | | |
| | | 【中小企業投資促進税制（中促）】30％特別償却又は税額控除7%<br>※30％特別償却のみ適用 | | | |

▨ を付した部分は、経営力向上計画の認定が必要
※ を付した部分は、資本金3,000万円超1億円以下の法人の場合

出典：中小企業庁「中小企業等経営強化法に基づく支援措置活用の手引き」
（令和4年4月1日版）

**正解** (2)

## 〔問－47〕経営革新計画

中小企業等経営強化法における経営革新計画の説明として，適切なものは次のうちどれですか。

(1) 経営革新とは，事業者が新たなマネジメントツールを導入することにより，その経営の相当程度の向上を図ることと法律で定義される。

(2) 経営革新計画の承認対象となるには，国内初の技術・方式等を採用することが必要である。

(3) 経営革新計画の目標設定に用いる指標は，「付加価値額または1人当たりの付加価値額」「給与支給総額」の伸び率である。

### 解説＆正解

(1) 中小企業等経営強化法では，経営革新を「事業者が新事業活動を行うことにより，その経営の相当程度の向上を図ること」と定義している。経営革新計画を作成し，都道府県知事の承認を受けることで，保証・融資の優遇措置などの中小企業支援策を利用できる。したがって，(1)は適切でない。

(2) 「新事業活動」として，以下の5つの類型が法律で定められている。

①新商品の開発又は生産

②新役務（サービス）の開発又は提供

③商品の新たな生産又は販売の方式の導入

④役務（サービス）の新たな提供の方式の導入

⑤技術に関する研究開発及びその成果の利用その他の新たな事業活動

経営革新計画の承認にあたっては，個々の中小企業者にとって「新たな事業活動」であることが必要である。既に他社において採用されている技術・方式を活用する場合でも，原則として承認の対象となる。ただし，業種あるいは地域内の同業他社において，既に相当程度普及している技術・方式等の場合には承認対象外となる。したがって，(2)は適切でない。

(3) 「経営の相当程度の向上」は，具体的には，①「付加価値額」または「1人当たりの付加価値額」の伸び率，②「給与支給総額」の伸び率で評価さ

れる。経営革新計画の承認においては，①については年率３％以上，②については年率1.5％以上の目標設定が求められる。したがって，(3)は適切である。

以上，中小企業庁「2022年版　経営革新計画　進め方ガイドブック」参照。

## ●経営革新計画の要件

| 計画期間 | 付加価値額<br>１人当たりの付加価値額 | 給与支給総額 |
|---|---|---|
| 3年 | 9％以上 | 4.5％以上 |
| 4年 | 12％以上 | 6％以上 |
| 5年 | 15％以上 | 7.5％以上 |
| 定義 | ■付加価値額<br>　＝営業利益＋人件費＋減価償却費<br>■１人当たりの付加価値額<br>　＝付加価値額÷従業員数 | ■給与支給総額<br>＝役員報酬＋給料＋賃金<br>＋賞与　＋各種手当 |

正解　(3)

┌─〔問－48〕金融機関の債券による支援 ─────

**SDGs債の説明として，適切でないものは次のうちどれですか。**

(1) SDGs債とは，SDGsに貢献する債券の統一呼称として日本証券業協会が提唱している呼称である。

(2) 一般的なSDGs債の信用力は，その発行体が発行する他の通常の債券と同様である。

(3) SDGs債の発行体は，営利を目的としない非営利組織，行政機関，国際機関のみである。

### 解説＆正解

(1) SDGsに貢献する金融商品の総称については，証券会社各社において多様な呼称が用いられ，その定義も各社によって異なっていることから，日本証券業協会（以下「日証協」という）では，SDGsに貢献する債券を「SDGs債」と統一して呼称することを提唱している。グリーンボンド，ソーシャルボンド，サステナビリティボンド，サステナビリティ・リンク・ボンド，トランジションボンドなどが該当する。したがって，(1)は適切である。

(2) 日証協の「SDGsに貢献する金融商品に関するガイドブック（第2版）」（2022年3月）では，SDGs債は，「発行体のサステナビリティ戦略における文脈に即し，環境・社会課題解決を目的として発行されますが，元利払いにおける一般的なSDGs債の信用力は，その発行体が発行する他の通常の債券と同様」とする一方，「SDGs債が通常の債券と異なる点は，環境・社会課題解決のための資金使途が特定されている及び／又はSDGsの実現に貢献するKPI設定／SPTs達成型の性質を持っていることであり，複数の投資家から集められた投資資金は，直接金融市場を通じて，SDGs達成に貢献」する，としている。したがって，(2)は適切である。

なお，SPTsとはサステナビリティ・パフォーマンス目標をいう。

(3) SDGs債の発行体には企業も含まれる。したがって，(3)は適切でない。

## ●SDGsに貢献する様々な金融商品とSDGs債の関係

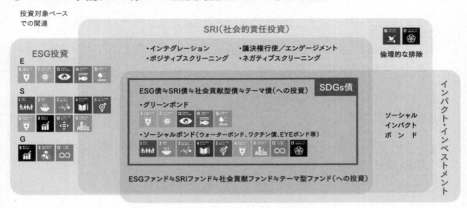

出典：日本証券業協会「SDGs レポート」

| グリーンボンド | 企業や国際機関等が，地球温暖化をはじめとする環境問題の解決に資するグリーンプロジェクトに要する資金を調達するために発行する資金使途特定型債券 |
|---|---|
| ソーシャルボンド | 企業や国際機関等が，衛生・福祉・教育などの社会課題の解決に資するソーシャルプロジェクトに要する資金を調達するために発行する資金使途特定型債券 |
| サステナビリティ ボンド | グリーン及びソーシャル双方のプロジェクトに要する資金を調達するために発行する資金使途特定型債券 |
| サステナビリティ・リンク・ボンド | 発行体が事前に設定したサステナビリティ/ESG 目標（SPTs）の達成状況に応じて，財務的・構造的に変化する可能性のある資金使途非特定型債券 |
| トランジションボンド | 発行体の温室効果ガス排出削減に向けた長期的な移行（トランジション）戦略に則った，資金使途特定型及び／又はサステナビリティ・リンク・ボンド型の債券 |

出典：日本証券業協会「SDGs に貢献する金融商品に関するガイドブック」

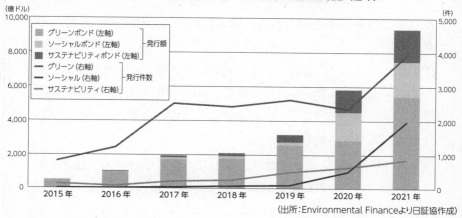

◆ 世界におけるグリーン、ソーシャル、サステナビリティボンド発行額の推移（暦年）

(出所：Environmental Financeより日証協作成)

※Environmental Financeの基準に基づき区分されたグリーン、ソーシャル、サステナビリティボンドの総額であり、いわゆる「SDGs債」の総額とは一致しない。

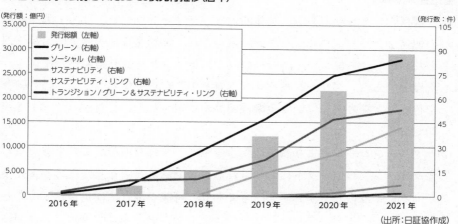

◆ 日本国内で公募されたSDGs債発行推移（暦年）

(出所：日証協作成)

出典：日本証券業協会「SDGsに貢献する金融商品に関するガイドブック」

正解　(3)

## 〔問－49〕 金融機関の融資による支援①

グリーンローンの説明として，適切でないものは次のうちどれですか。

(1) グリーンローンとは，企業や地方自治体等が，国内外のグリーンプロジェクトに要する資金を調達する際に用いられる融資である。

(2) グリーンプロジェクトに付随する，環境に対するネガティブな効果も評価する必要がある。

(3) グリーンローンにおいても，貸し手と借り手の関係は通常の借入と同様であり，追加的な手続きは特に求められていない。

### 解説＆正解

(1) 選択肢のとおりである。具体的には，グリーンローンとは，①調達資金の使途がグリーンプロジェクトに限定され，②調達資金が確実に追跡管理され，③それらについて融資後のレポーティングを通じ透明性が確保された融資である。グリーンローンへの貸し手となる主体としては，ESG融資を行うことを表明している金融機関等が想定される。したがって，(1)は適切である。

(2) グリーンローンにより調達される資金は，明確な環境改善効果をもたらすグリーンプロジェクトに充当されるべきである。そうした環境改善効果があることは借り手が評価すべきであり，可能な場合には定量化することが望ましい。また，グリーンプロジェクトが本来の環境改善効果とは別に，付随的に，環境に対しネガティブな効果をもたらす場合，そのようなネガティブな効果が本来の環境改善効果と比べ過大とならないと借り手が評価する必要がある。したがって，(2)は適切である。

(3) グリーンローンの場合，借入前のプロジェクトの評価，借入後の調達資金の追跡管理，環境改善効果の算定・レポーティングなど，通常の借入に対し，追加的に必要となる手続きがある。したがって，(3)は適切でない。

以上，環境省「グリーンボンドガイドライン　グリーローン及びサステナ

ビリティ・リンク・ローンガイドライン　2020年版」参照。

## ●グリーンローン借入のフロー

| | 通常の借入手続 | グリーンローン借入時の追加手続 |
|---|---|---|
| 借入準備 ※ | ・事業計画の検討<br>・必要書類作成 | ・調達資金の充当対象プロジェクトの範囲の検討<br>・グリーンプロジェクト評価・選定プロセスの検討<br>・調達資金の管理方法、レポーティング方法の検討<br>・見込まれる環境改善効果の算定<br>・外部機関によるレビューの取得又は自己評価プロセスの策定・実施（必要に応じ） |
| 金融機関選定・審査 | ・面談<br>・審査書類提出<br>・審査 | |
| 契約・実行 | ・条件面決定、融資契約<br>・融資実行 | |
| 資金管理 | ・調達資金の管理<br>・プロジェクト等への資金充当 | ・グリーンローンによる調達資金の追跡管理 |
| 返済・情報開示 | ・プロジェクト等の実施<br>・適宜報告（モニタリング） | ・環境改善効果の算定、レポーティング<br>・外部機関によるレビューの取得又は自己評価プロセスの策定・実施（必要に応じ） |
| 借入償還 | ・契約書に基づき償還<br>・リファイナンス（必要に応じ） | |

※リファイナンスの場合、充当予定プロジェクトの概要、資金管理方法、環境改善効果等についての開示

出典：環境省「グリーンボンドガイドライン　グリーローン及びサステナビリティ・リンク・ローンガイドライン　2020年版」

## ●グリーンプロジェクトの事業の種類・指標の例

| 事業の種類 | 指標の例 | 算出法 |
|---|---|---|
| 再生可能エネルギーに関する事業 | $CO_2$ 排出量の削減量（t-$CO_2$） | プロジェクトを行わなかった場合に想定される $CO_2$ 排出量（t$CO_2$）と，プロジェクト実施後の $CO_2$ 排出量（$CO_2$）を比較して算出 |
| 省エネルギーに関する事業 | エネルギー使用量の削減量（kL, t, m³, MWh） | プロジェクトを行わなかった場合に想定されるエネルギー使用量（kL 等）と，プロジェクト実施後のエネルギー使用量（kL 等）を比較して算出 |
| 汚染の防止と管理に関する事業 | 環境負荷低減効果のある素材の利用量（t） | 再生材や再生可能資源等の環境負荷低減効果のある素材の利用量（t） |
| 自然資源・土地利用の持続可能な管理に関する事業 | 気候変動への対応や生物多様性等に向けた都市環境の改善が行われた面積（m²） | 気候変動への対応や生物多様性等に向けた都市環境の改善が行われた面積（m²） |
| 生物多様性保全に関する事業 | 生物多様性・生態系にも配慮した認証の取得 | 取得した MSC 認証，ASC 認証の認証数または認証水産物の取扱量 |
| クリーンな運輸に関する事業 | 燃料消費性能 | 燃料消費量の予想削減量 |
| 持続可能な水資源管理に関する事業 | 年間節水量（m³） | プロジェクト前後の年間水総使用量（m³）とプロジェクト前後での水使用削減割合（%） |
| 気候変動に対する適応に関する事業 | 持続可能な手法により管理される森林・流域等の面積（ha） | 持続可能な手法により管理される森林・流域等の面積（ha） |
| 環境配慮製品，環境に配慮した製造技術・プロセスに関する事業 | 製品 1 トンあたりの $CO_2$ 排出量の削減量（t-$CO_2$/t） | 製品 1 トン当たりの $CO_2$ 排出量（$CO_2$ 排出量（t-$CO_2$）÷ 生産量（t））を，プロジェクト実施前後で比較して算出 |
| グリーンビルディングに関する事業 | カーボンパフォーマンス | 総床面積当たりの年間二酸化炭素排出量（kg$CO_2$/m²） |

出典：環境省「グリーンボンドガイドライン　グリーローン及びサステナビリティ・リンク・ローンガイドライン　2020 年版」

正解 (3)

## 〔問－50〕 金融機関の融資による支援②

サステナブルを意識した金融機関の融資に関する下記の文章の（　　）にあてはまる語句の組合せとして，適切なものは次のうちどれですか。

　企業や地方自治体等が，国内外のグリーンプロジェクトに要する資金を調達するために用いる融資を（　①　）と呼ぶ。

　（　①　）の主な特徴として，㋐調達資金の使途がグリーンプロジェクトに限定される，㋑調達資金が確実に追跡管理される，㋒それらについて融資後のレポーティングを通じ（　②　）性が確保される，といったものがある。

　主な借り手としては，自らが実施するグリーンプロジェクトの原資を調達する一般事業者や，グリーンプロジェクトに対する投資・融資の原資を調達する（　③　），グリーンプロジェクトに係る原資を調達する地方自治体が考えられる。

(1)　①グリーンローン，②透明，③金融機関
(2)　①グリーンローン，②財務の安全，③個人
(3)　①サステナビリティ・リンク・ローン，②財務の安全，③金融機関

**解説＆正解**

　企業や地方自治体等が，国内外のグリーンプロジェクトに要する資金を調達するために用いる融資をグリーンローンと呼ぶ。

　グリーンローンの主な特徴として，㋐調達資金の使途がグリーンプロジェクトに限定される，㋑調達資金が確実に追跡管理される，㋒それらについて融資後のレポーティングを通じ透明性が確保される，といったものがある。

　主な借り手としては，自らが実施するグリーンプロジェクトの原資を調達する一般事業者や，グリーンプロジェクトに対する投資・融資の原資を調達する金融機関，グリーンプロジェクトに係る原資を調達する地方自治体が考

117

えられる。また，主な貸し手としては，ESG融資を行うことを表明している金融機関等が考えられる。

グリーンローンの借り手のメリットとしては，(i)サステナビリティ経営の高度化，(ii)グリーンプロジェクト推進による社会的支持の獲得，(iii)新たな貸し手との関係構築による資金調達基盤の強化，(iv)比較的好条件での資金調達の可能性などがある。

一方，貸し手のメリットとしては，(i)ESG金融の1つとしての融資，(ii)融資を通じた投資利益と環境面等からのメリットの両立，(iii)グリーンプロジェクトへの融資，(iv)借り手との深い対話を通じたサステナビリティの向上がある。そのほか，環境・社会面からのメリットとして，(i)地球環境の保全への貢献，(ii)グリーンローンを行う金融機関に預託する個人の啓発，グリーンプロジェクト推進を通じた社会・経済問題の解決への貢献も考えられる。

以上より，①グリーンローン，②透明，③金融機関となり，(1)が本問の正解となる。


以上，環境省グリーンファイナンスポータル「グリーンローンとは」引用・参照。

正解　(1)

118

## 〔問-51〕エコアクション21

エコアクション21（EA21）の説明として，適切でないものは次のうちどれですか。

(1) ISO14001シリーズの中小企業向け規格にもとづく環境マネジメントシステムの認証登録制度である。

(2) 環境経営の実施状況をまとめた環境経営レポートの作成・公表が義務付けられている。

(3) バリューチェーンでの環境への取組みを推進したい大手企業，会員，組合員企業の環境対応力強化を図りたい企業団体等向けのプログラムがある。

### 解説＆正解

(1) エコアクション21（EA21）は，環境省が策定した「エコアクション21ガイドライン」にもとづく日本独自の環境マネジメントシステム（EMS）である。2004年度に認証登録制度が開始された（現行ガイドラインは2017年版）。したがって，(1)は適切でない。

なお，2024年5月末時点で7,524者が認証登録を受けており，その約90％が100人以下の中小企業である。業種的には，建設業，製造業，廃棄物・リサイクル業の3業種で約82％を占める。

(2) EA21ガイドラインは，PDCAサイクルにもとづく14の取組み項目（要求事項）から構成されている。その1つとして，環境経営レポートの作成・公表が義務付けられており，認証登録企業の環境情報開示ツールとして活用されている。環境経営レポートはEA21中央事務局のWEBサイトに掲載され，一般公開されている。したがって，(2)は適切である。

(3) バリューチェーンでの環境への取組みを推進したい大手企業，会員，組合員企業の環境対応力強化を図りたい企業団体が主催し，中央事務局・地域事務局・審査員が支援する「EA21関係企業グリーン化プログラム」がある。これまでに延べ371団体（2006～2023年度，複数回開催を含む）が同プログラムを実施している。また，地域の環境負荷低減を推進したい自

治体向けの同様のプログラムとして「自治体イニシアティブ・プログラム」があり，延べ507自治体（2005 〜 2023年度，複数回開催を含む）が同プログラムを実施している。したがって，(3)は適切である。

● 認証・登録事業者数の規模別割合

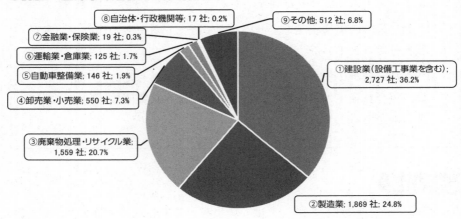

⑧自治体・行政機関等; 17 社; 0.2%
⑨その他; 512 社; 6.8%
⑦金融業・保険業; 19 社; 0.3%
⑥運輸業・倉庫業; 125 社; 1.7%
⑤自動車整備業; 146 社; 1.9%
④卸売業・小売業; 550 社; 7.3%
①建設業（設備工事業を含む）; 2,727 社; 36.2%
③廃棄物処理・リサイクル業; 1,559 社; 20.7%
②製造業; 1,869 社; 24.8%

● 認証・登録事業者数の業種別割合

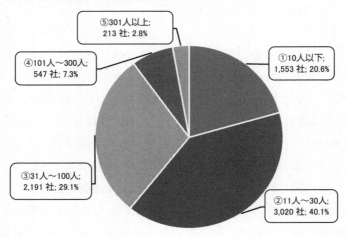

⑤301人以上; 213 社; 2.8%
④101人〜300人; 547 社; 7.3%
①10人以下; 1,553 社; 20.6%
③31人〜100人; 2,191 社; 29.1%
②11人〜30人; 3,020 社; 40.1%

出典：エコアクション 21 認証・登録制度の実施状況（2024 年 5 月）

## ●EA21関係企業グリーンプログラム

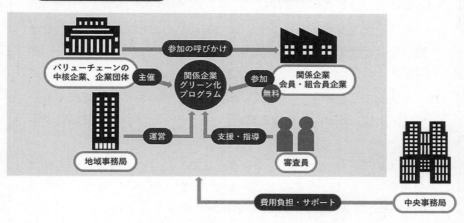

これならできる！ 講師費用，資料代等の**必要経費は中央事務局が負担**
勉強会参加企業の**参加費は無料**

出典：エコアクション21「関係企業グリーン化プログラム」

## ●金融機関のEA21取組み状況

| EA21認証登録を受けている<br>金融機関 | 関係企業グリーン化プログラム<br>実績のある金融機関 |
|---|---|
| 大阪信用金庫　大阪シティ信用金庫　中ノ郷信用組合 ||
| 柏崎信用金庫<br>島田掛川信用金庫<br>新井信用金庫<br>西武信用金庫<br>しずおか焼津信用金庫 | 岩手銀行<br>第四銀行<br>肥後銀行<br>埼玉縣信用金庫<br>摂津水都信用金庫 |

正解 (1)

121

サステナビリティ・リンク・ローン（SLL）の説明として，適切でないものは次のうちどれですか。

(1) サステナビリティ・リンク・ローンにおいては，事前に適切な目標（サステナビリティ・パフォーマンス・ターゲット：SPTs）を設定する必要がある。

(2) サステナビリティ・リンク・ローンとしての妥当性を確保するために，SPTsはあらかじめ定められた一定の指標から選ぶ必要がある。

(3) サステナビリティ・リンク・ローンは，SPTs を達成した場合に金利を引き下げる（達成しない場合には引き上げる）など，借り手のSPTs達成状況と貸出条件等を連動させるものである。

## 解説＆正解

(1) サステナビリティ・リンク・ローン（SLL）とは，借り手が野心的なサステナビリティ・パフォーマンス・ターゲット（SPTs）を達成することを奨励するローンである。具体的には，①借り手の包括的な社会的責任に係る戦略で掲げられたサステナビリティ目標とSPTsとの関係が整理され，②適切なSPTsを事前に設定してサステナビリティの改善度合を測定し，③それらに関する融資後のレポーティングを通じ透明性が確保されたローンである。サステナビリティ・リンク・ローンは，グリーンローンと異なり，調達資金の融資対象が特定のプロジェクトに限定されず，一般事業目的に使用されることが多い。したがって，(1)は適切である。

(2) SPTsは，借り手のサステナビリティに係るパフォーマンスを測定するため，取引ごとに，借り手と貸し手の間で交渉し，適切なものを設定するべきである。SPTsは，借り手のビジネスにおけるマテリアリティ（重要課題）に関連した野心的かつ有意義なもので，事前に設定するSPTsのベンチマークに関連して借り手のサステナビリティの改善に結びつけられているべきである。したがって，(2)は適切でない。

(3)　サステナビリティ・リンク・ローンは，借り手のサステナビリティの向上を目指すものであり，事前に設定したSPTsのベンチマークに対する借り手のパフォーマンスと貸出条件等を連動させるものである。具体的には，①借り手が事前に設定したSPTsを達成した場合に金利を引き下げる（達成しない場合には引き上げる），②借り手がSPTsを達成しない場合には，例えば借り手が引き上げる金利相当額を拠出する等を通じて社会のサステナビリティの向上に資する取組みを行う，などの方法がある。したがって，(3)は適切である。

以上，環境省「グリーンボンドガイドライン　グリーローン及びサステナビリティ・リンク・ローンガイドライン　2020年版」参照。

●実際に設定されているSPTsの指標例

■事業活動を通じて排出される$CO_2$排出量の削減
■事業活動を通じて排出される$CO_2$排出原単位の削減
■太陽光発電事業による年間発電量
■廃棄物排出原単位の削減
■建設混合廃棄物の排出率（全建設廃棄物排出量に対する建設混合廃棄物排出量の割合
■ネット・ゼロ・エネルギー・ハウス（ZEH）の建築戸数
■グリーン調達率
■一定以上のCDPスコアの獲得・維持
■在留外国人の就労サポート人数の増加
■プラチナえるぼし認定（女性活躍推進）の取得
■従業員の年次有給休暇取得率
■従業員の男性育児休業取得率

出典：環境省「グリーンファイナンスポータル」より作成

正解　(2)

---
**〔問－53〕 金融機関による非金融面の支援**

---

金融機関による非金融面の支援に関する記述として，適切な組合せは次のうちどれですか。

① 金融機関がビジネスチャンスを広げるためには，金融面とともに非金融面においても取引先のサステナビリティをサポートすることが重要である。

② 金融機関による取引先の非金融面での支援の１つとして，サステナビリティに向けた取組みが進んでいる企業を金融機関自身のホームページ等を通じて，サステナビリティへの取組み方等を紹介することが考えられる。

③ 金融機関は，企業に対してサステナブル経営のアドバイスを行うために，専門的にコンサルティングできる人材の育成を優先して行う必要がある。

(1) ①，②は適切であり，③は適切でない。

(2) ①は適切であり，②，③は適切でない。

(3) すべて適切である。

---

### 解説＆正解

① 金融機関は取引先に対して金融面での支援のみならず，取引先の様々な課題解決を伴走支援することによって，取引先の企業価値向上につなげることができ，金融機関にとってもビジネスチャンスが増えると考えられる。したがって，①は適切である。

② 金融機関は，人手不足や資金不足に陥りやすい中小企業の取引先に対する広告やPRにおける支援ニーズも高いと考えられる。よって，サステナビリティに向けた取組みが進んでいる取引先を金融機関自身のホームページ等を通じて広く紹介することも，支援の１つとして考えられる。したがって，②は適切である。

③ 金融機関はサステナビリティに取組みをどこから行ったらよいのかがわ

からないという取引先に対して，金融面での支援（資金調達など）とセットで，サステナビリティに向けた取組みや情報開示に関する簡易コンサルティングを受けられるようにすることなども考えられる。金融機関が専門的な人材育成を優先して行うことが求められているとはいえない。したがって，③は適切でない。

以上より，①，②は適切であり，③は適切でなく，(1)が本問の正解である。

以上，経済法令研究会「SDGs・ESG の取組みに貢献するための取引先のサステナブル経営をサポートするコース　TEXT」引用・参照。

**正解**　　(1)

─〔問-54〕金融機関によるマッチング支援─

金融機関によるマッチング支援に関する説明として，適切でないもの
は次のうちどれですか。

(1) 地域金融機関は，地域再生や活性化のために，地域課題解決の視
点から異業種の企業をマッチングすることも重要な役割の1つであ
る。

(2) 地域金融機関においては，地域社会が活性化するために，観光市
場の活性化を促す取組みが行われている例がある。

(3) 地域金融機関は，地域が抱える課題を解決するために地方創生プ
ロジェクトに取り組む必要があるが，企業と大学が連携して共同研
究できるように支援する必要はない。

**解説＆正解**

(1) 地域金融機関にとっては，地域課題解決の視点から異業種の企業をマッ
チングしていくことも，金融機関のネットワークを活かした大事な取組み
となる。国内の重要課題として「地方創生」が掲げられる中，地方自治体
や地元企業と地域再生・活性化を目的とする包括的な連携協定を締結する
金融機関も増えている。したがって，(1)は適切である。

(2)(3) 地域金融機関はそれぞれの地域社会が抱える課題を解決して，地域社
会の成長を支援することを目的として，次のような取組みが行われてい
る。

①観光市場の活性化

②若者の就労・定住の促進，地域の交流人口の増加などを目的とした地
方創生プロジェクトの実施

③自治体や商工会議所などと連携した地方創生プロジェクトの支援

④取引先・大学と連携した，共同研究や事業化の支援（取引先の研究開
発上の技術的課題を抽出した上で，大学の研究者とマッチングをする
など）

したがって，(2)は適切であるが，(3)は適切でない。

　以上，経済法令研究会「SDGs・ESG の取組みに貢献するための取引先のサ
ステナブル経営をサポートするコース　TEXT」引用・参照。

**正解**　　(3)

─── 〔問-55〕金融機関によるツールを用いた取引先支援 ───

金融機関によるツールを用いた取引先支援に関する記述として，適切な組合せは次のうちどれですか。

① 自社のサステナビリティに対する取組みをアピールすることで企業イメージを向上させたいと考えている企業に対しては，企業のSDGsへの取組み状況をチェックシートで確認することができるツールの提供が有効である。

② サステナビリティに関する知識が少ない金融機関の行職員は，知識の不要な簡易なツールを使い，習熟している行職員は高度な内容の支援ツールを提供するようにする。

③ 取引先は，金融機関が提供する簡易コンサルティングツールで導出された優先課題の候補や関連するSDGsのゴール等をそのまま自社の方針や目標にすればよい。

(1) ①は適切であるが，②，③は適切でない。
(2) ①，②は適切であるが，③は適切でない。
(3) ②，③は適切であるが，①は適切でない。

### 解説＆正解

① 選択肢のとおりである。したがって，①は適切である。

② 金融機関の行職員がサステナビリティに関する知識を身につけることは重要であるが，ツールの選択は行職員の習熟度で決めるのではなく，取引先に対する対話をもとに必要なツールを選ぶべきである。したがって，②は適切でない。

③ 企業のサステナビリティの取組みを促進するために，取引先に適したサステナビリティに関する優先課題の候補，関連するSDGsのゴールおよび他社の取組み事例等が自動的に導出されるような簡易コンサルティングツールを活用することは有効であり，このツールを活用することで，営業担当者と取引先がともにサステナビリティに関する議論を深めることができ

る。ツールが導出した結果を取引先がそのまま自社の方針や目標にすればよいということではない。したがって，③は適切でない。

以上より，①は適切であるが，②，③は適切でなく，(1)が本問の正解である。

以上，経済法令研究会「SDGs・ESG の取組みに貢献するための取引先のサステナブル経営をサポートするコース　TEXT」引用・参照。

正解　　(1)

## 〔問—56〕 金融機関による脱炭素支援

金融機関による脱炭素支援に関する説明として，適切でないものは次のうちどれですか。

(1)　金融機関の中には，取引先企業およびそのサプライチェーンの温室効果ガス排出量を算定するフローにもとづいて，企業内のデータを効率的に収集できるような仕組みの提供を始めているところもある。

(2)　収集したデータにもとづく現状診断・対策立案についても，金融機関の行職員が自ら指導・助言する必要がある。

(3)　現状診断の結果，脱炭素対策として再エネ・省エネ設備の導入等の設備投資が必要な場合，融資に加えて，補助金・税制の活用アドバイス等の支援を行うことが有効である。

### 解説＆正解

(1)　選択肢のとおりである。したがって，(1)は適切である。

(2)　多くの中小企業は，温室効果ガス排出量の把握，適切な現状診断・対策立案等を自力で行うことが難しく，外部からの支援が必要である。しかし，その指導・助言には，省エネルギーや再生可能エネルギー等に関する高度な専門知識と経験が必要である。金融機関は，各都道府県・政令指定市が指定する地域地球温暖化防止活動推進センター，一般財団法人省エネルギーセンター，必要なノウハウを有する地元の環境カウンセラー協会，専門企業等との連携やマッチングにより，脱炭素に取り組む中小企業を支援することができる。必ずしも金融機関の行職員が自ら指導・助言する必要はない。したがって，(2)は適切でない。

(3)　選択肢のとおりである。したがって，(3)は適切である。

正解　(2)

## 〔問－57〕 金融機関に求められること

取引先のサステナブル経営を支援するために，今後，金融機関に求められることに関する説明として，適切でないものは次のうちどれですか。

(1) 金融機関は，取引先の経営者と企業の事業活動に関連する社会的課題や中長期的な経営課題についての対話を通じて，取引先の企業価値向上のストーリーを一緒に考えることが重要である。

(2) 企業価値向上の実践は，取引先企業自身の責任で行うものであり，金融機関の伴走支援は不要である。

(3) 金融機関行職員1人ひとりが，取引先に関する社会的課題や中長期的な経営課題について，洞察力を持って，対応する必要がある。

### 解説＆正解

(1) 取引先の経営者との接点が日ごろからある金融機関は，取引先のサステナビリティに向けた取組みを推進するために，まずは取引先の経営者に対して，企業の事業活動に関連する社会的課題や中長期的な経営課題について対話し，取引先の企業価値向上のストーリーを一緒に考えていくべきである。したがって，(1)は適切である。

(2) 取引先の経営者との対話を通じて，取引先の企業価値向上のストーリーを共有ができた後は，取引先に伴走して，実践に移すために必要な支援を考えることが重要である。

　また，地方創生といった大きなスケールの社会的課題を解決するには，様々なステークホルダーが連携する必要があるため，金融機関が持つ多様な業種の企業とのネットワークを活かし，異業種をマッチングしていくことも検討する必要がある。

　このように，金融機関は，今後，取引先におけるサステナビリティに向けた取組みに着目して事業性評価などを行い，社会的課題解決をビジネスチャンスと捉えている取引先を支援することが期待されるが，まずは取引先に伴走しながら，企業価値向上のストーリーを実現するために必要な支

援を行うことが求められる。したがって，(2)は適切でない。

(3) 取引先の企業価値向上のストーリーを考えるためには，その取引先に関する社会的課題や中長期的な経営課題について，金融行職員1人ひとりが深い洞察力を持つことが必要となる。

今後，金融機関サステナビリティに関する正しい知識の習得や，非財務情報も考慮した経営アドバイスを求められるため，金融機関の行職員の成長が求められていると考えられる。したがって，(3)は適切である。

以上，経済法令研究会「SDGs・ESGの取組みに貢献するための取引先のサステナブル経営をサポートするコース　TEXT」引用・参照。

正解　(2)

# 取引先の
# サステナビリティ課題
# への伴走支援

金融機関における取引先のサステナブル経営を支援するための融資の決定に関する説明として，適切なものは次のうちどれですか。

(1) 金融機関が融資をする際には，収益性の良し悪しを第一に優先することが最も重要である。

(2) 企業の財務情報に社会的な課題解決コストが反映されていない場合，金融機関はこれらの取引先の財務情報に表れていない外部効果に特に注意を払う必要はない。

(3) 金融機関が取引先のサステナブル経営をサポートするために，ESG要素を考慮した事業性評価（目利き力）による融資・本業支援等の展開が望まれる。

### 解説＆正解

(1) 取引先の事業単独の収益性が高いが社会にネガティブインパクトを与える事業に対して融資して支援することは，長期的な観点からは金融機関の事業基盤となる地域社会や自らの信用に悪影響を与えることになる。逆に，事業単独の収益性が低かったとしても，社会にポジティブインパクトを与える事業への支援は，長期的な観点からは金融機関の事業基盤となる地域社会や自らの信用に好影響をもたらす可能性がある。つまり，収益性の良し悪しを第一に優先して融資の決定することが重要とはいえない。したがって，(1)は適切でない。

(2) 社会的なポジティブインパクトは財務情報に必ずしも反映されていないが，金融機関は未来を選択する立場にあるため，狭い範囲・短い期間の数字だけをみて判断せずに，取引先の財務情報に表れない外部効果にも注意を払い，社会とともに自らの繁栄を確保していく必要がある。したがって，(2)は適切でない。

(3) ESGは，投融資する対象を評価するときのものさしに，E（環境），S（社会），G（ガバナンス）を意識することであり，SDGsは，そうしたものさしを使うことで「こうなりたい世界」「目指す先」を描く。そのため，金融

機関には，ESG要素を考慮した事業性評価（目利き力）による融資・本業支援等の展開が望まれる。したがって，(3)は適切である。

　以上，経済法令研究会「SDGs・ESGの取組みに貢献するための取引先のサステナブル経営をサポートするコース　TEXT」引用・参照。

正解　(3)

## 〔問－59〕地域経済エコシステムにおける金融の役割

地域経済エコシステムに関する記述として，適切でないものは次のうちどれですか。

(1)　地域経済エコシステムは，他地域の人や企業がこのシステムに関与せず，1つの地域の中で完結する閉じたシステムである。

(2)　地域経済エコシステムの主体の1つである金融機関は，地域企業・住民や自治体とのつながりを向上し，新たな資金需要を創出することができる。

(3)　金融機関は，地方創生とSDGsを同時に実現するために，地域を超えて価値を提供する企業に対して地域内で連携して応援するとよい。

### 解説＆正解

(1)　地域経済エコシステムとは，地域の住民・企業，自治体，地域金融機関，その他の主体が相互に協力しながら持続していく姿を生態系のように捉えた概念をいう。地域の経済主体が相互に協力することにより，地域資源を活用しながら共有する地域課題を解決し，ともに持続していくことをイメージしている。したがって，(1)は適切でない。

(2)　選択肢のとおりである。したがって，(2)は適切である。

(3)　選択肢のとおりである。したがって，(3)は適切である。


以上，経済法令研究会「SDGs・ESGの取組みに貢献するための取引先のサステナブル経営をサポートするコース　TEXT」引用・参照。

正解　(1)

---

### 〔問－60〕 金融包摂と金融排除

金融包摂と金融排除に関する説明として，適切でないものは次のうちどれですか。

(1) 金融包摂とは，特に発展途上国において金融サービスを利用できる世界を実現することをいう。

(2) 金融排除とは，金融サービスを受けられないことによって，何らかの困難が生じていることをいう。

(3) 「日本型金融排除」とは，事業に将来性があっても担保や保証がない取引先や，地域に求められているが信用力が高くない取引先等に対し，金融機関が融資等に消極的な姿勢にあることを指している。

---

#### 解説＆正解

(1) 金融包摂とは，誰もが金融サービスを利用できる世界を実現することである。金融排除のない世界の実現とも言い換えることができる。たしかに，発展途上国にける低所得層では金融機関口座を持っていなくて預金・決済等のサービスを受けられないといった金融排除が課題となっているが，金融包摂は発展途上国にだけ向けた用語ではない。したがって，(1)は適切でない。

(2) 選択肢のとおりである。したがって，(2)は適切である。

(3) 日本は金融機関における口座保有率が先進国の中でも高く，預金・決済サービスでは金融包摂が実現されているが，金融庁は「日本型金融排除」を指摘している。「日本型金融排除」とは，金融機関が，担保・保証がないが事業に将来性がある取引先や，地域に求められているが信用力は高くない取引先等に対して，融資等に消極的な姿勢にあることを指す。したがって，(3)は適切である。

以上，経済法令研究会「SDGs・ESGの取組みに貢献するための取引先のサステナブル経営をサポートするコース　TEXT」引用・参照。

正解 (1)

## 〔問−61〕 組織と個人の内面と外面を変える

SDGs経営を実現するために必要な組織と個人の変化に関する説明として，適切でないものは次のうちどれですか。

(1) 金融は，経済活動（他の人のためにつくり，運び，サービスを提供する）を裏で支えているので，金融とは「つながりのビジネス」といえる。

(2) 組織の文化（内面）や構造・ルール（外面）は，そこで働く個人の気持ち（内面）や行動（外面）に影響を与えるが，個人の気持ちや行動が組織の文化や構造を変えることはない。

(3) 組織にとってのサステナビリティとは，閉ざされた集団のみの利益を優先する仕組み・文化を，より広い地域や社会と共存する仕組み・文化に変えていくことである。

### 解説＆正解

(1) 他の人のためにつくり，運び，サービスする経済活動を裏で支えているのが金融であるため，金融とは「つながりのビジネス（＝連携を支えるビジネス）」といえる。したがって，(1)は適切である。

(2) 組織の文化（内面）や構造・ルール（外面）は，そこで働く個人の気持ち（内面）や行動（外面）に影響を与える。また，組織の文化や構造を変えていくのも，そこで働く個人の気持ちや行動である。組織とそこで働く個人の内面と外面は，相互に影響し合っている。したがって，(2)は適切でない。

(3) 組織にとってのサステナビリティとは，閉ざされた集団のみの利益を優先する文化・仕組みを，より広い地域や社会と共存する文化・仕組みに変えていくことといえる。これは，集団の中で働く個人が，心の中にある願いや共感を尊重し，その気持ちに素直に行動することによって実現されるものである。したがって，(3)は適切である。

以上，経済法令研究会「SDGs・ESGの取組みに貢献するための取引先のサステナブル経営をサポートするコース　TEXT」引用・参照。

正解　(2)

## 〔問－62〕SDGs 時代における地域金融機関の役割

地方創生SDGs金融調査・研究会「地方創生SDGs金融の推進に向けた基本的な考え方」における，SDGs時代における地域金融機関の役割に関する記述の（　　）に入る語句の組合せとして，適切なものは次のうちどれですか。

　地域金融機関は地域事業者の事業活動が地域社会に与える影響を考慮して，（　①　）を行うことが期待されている。地域事業者の事業環境を考えると，（　②　）への配慮は，サプライチェーンにも及び，人権リスクや気候変動等への対応を怠れば，そこから排除され，円滑な事業運営が困難となり得る状況になってきている。また，取引先のみならず，消費者もサステナビリティ対応を製品購入の参考にする傾向も強くなってきている。特に若い世代においては，（　③　）に取り組んでいるかどうかも商品購入や入社するかどうかの１つの重要な意思決定要因になっている。

(1)　①融資活動，②SDGs，③社会課題の解決
(2)　①事業支援，②ESG，③社会課題の解決
(3)　①事業支援，②SDGs，③コンプライアンスの遵守

### 解説＆正解

　地方創生 SDGs金融調査・研究会「地方創生 SDGs金融の推進に向けた基本的な考え方」に，SDGs時代における地域金融機関の役割についての記述がある。

　特に SDGs時代において，地域金融機関は地域事業者の事業活動が地域社会に与える影響を考慮して，事業支援を行うことが期待されている。地域事業者の事業環境を考えると，ESGへの配慮は，サプライチェーンにも及び，人権リスクや気候変動等への対応を怠れば，そこから排除され，円滑な事業運営が困難となり得る状況になってきている。また，取引先のみならず，消費者もサステナビリティ対応を製品購入の参考にする傾向も強くなってきて

いる。特に若い世代においては，社会課題の解決に取り組んでいるかどうかも商品購入や入社するかどうかの1つの重要な意思決定要因になっている。そのため，事業者はESGやSDGsに資する取組みをコストではなく，事業成長の機会や事業リスクの低減策として捉える必要がある。しかし，地域事業者にはそうした対応を行う知見やノウハウが十分でない場合が多いため，地域金融機関が地域事業者にとって必要となるESGやSDGsに関する情報提供を行い，ESG経営を支援することが期待されている。

　以上より，①事業支援，②ESG，③社会課題の解決となり，(2)が本問の正解となる。

　以上，地方創生SDGs金融調査・研究会「地方創生SDGs金融の推進に向けた基本的な考え方」より。

正解　(2)

## 〔問－63〕 SX

経済産業省の提唱するSX（サステナビリティ・トランスフォーメーション）の説明として，適切でないものは次のうちどれですか。

(1) SXは，「企業のサステナビリティ」と「社会のサステナビリティ」を同期化させた経営戦略の立案と実行を必要とする考え方である。

(2) 企業のサステナビリティを高めていくには，企業としての稼ぐ力（強み・競争優位性・ビジネスモデル）を短期的に強化する取組みが必要である。

(3) 社会のサステナビリティに対しては，長期的な社会の要請をバックキャストして，稼ぐ力の持続性・成長性に対する中長期的なリスクと機会として把握し経営に反映させていくことが必要である。

### 解説＆正解

(1) SX（サステナビリティ・トランスフォーメーション）は，企業の稼ぐ力とESG（環境・社会・ガバナンス）の両立を図る考え方で，経済産業省の「サステナブルな企業価値創造に向けた対話の実質化検討会」中間とりまとめ（2020年8月）（以下「SX提言」という）において提言された。企業と投資家が，中期経営計画の想定する時間軸を超えて，5年，10年という長期の時間軸において，「企業のサステナビリティ」（企業の稼ぐ力の持続性）と「社会のサステナビリティ」（将来的な社会の姿や持続可能性）を同期化させる対話やエンゲージメントを行っていくことが必要である，との考え方にもとづく経営のあり方，対話のあり方をSX（サステナビリティ・トランスフォーメーション）と呼んでいる。したがって，(1)は適切である。

(2) SX提言では，企業のサステナビリティを高めていくには，「企業としての稼ぐ力（強み・競争優位性・ビジネスモデル）を中長期で持続化・強化する，事業ポートフォリオ・マネジメントやイノベーション等に対する種植え等の取組」みが必要であるとしている。したがって，(2)は適切でない。

(3) SX提言では，『不確実性に備え，企業としてのレジリエンスを高めるために，長期的な社会の要請（社会のサステナビリティ）を踏まえ，それを

バックキャストして企業としての稼ぐ力の持続性・成長性に対する中長期的な「リスク」と「オポチュニティ」双方を的確に把握し，それを具体的な経営に反映させていくこと』が必要であるとしている。したがって，(3)は適切である。

● SXのイメージ

## サステナビリティ・トランスフォーメーション（SX）とは

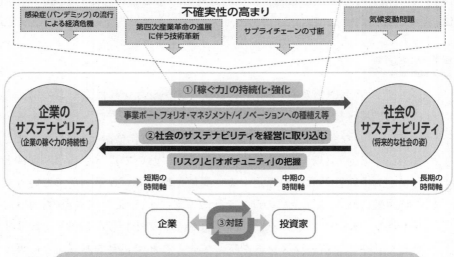

### ①「稼ぐ力」の持続化・強化
企業としての稼ぐ力（強み・競争優位性・ビジネスモデル）を中長期で持続化・強化する、事業ポートフォリオ・マネジメントやイノベーション等に対する種植え等の取組を通じて、企業のサステナビリティを高めていく

### ②社会のサステナビリティを経営に取り込む
不確実性に備え、社会のサステナビリティ（将来的な社会の姿）をバックキャストして、企業としての稼ぐ力の持続性・成長性に対する中長期的な「リスク」と「オポチュニティ」双方を把握し、それを具体的な経営に反映させていく

**不確実性の高まり**

- 感染症（パンデミック）の流行による経済危機
- 第四次産業革命の進展に伴う技術革新
- サプライチェーンの寸断
- 気候変動問題

企業のサステナビリティ（企業の稼ぐ力の持続性）

①「稼ぐ力」の持続化・強化
事業ポートフォリオ・マネジメント/イノベーションへの種植え等
②社会のサステナビリティを経営に取り込む
「リスク」と「オポチュニティ」の把握

社会のサステナビリティ（将来的な社会の姿）

短期の時間軸　　中期の時間軸　　長期の時間軸

企業　③対話　投資家

### ③長期の時間軸の「対話」によるレジリエンスの強化
不確実性が高まる中で企業のサステナビリティを高めていくために、将来に対してのシナリオ変更がありうることを念頭に置き、企業と投資家が、①②の観点を踏まえた対話を何度も繰り返すことにより、企業の中長期的な価値創造ストーリーを磨き上げ、企業経営のレジリエンスを高めていく

出典：経済産業省「サステナブルな企業価値創造に向けた対話の実質化検討会 中間取りまとめ ～サステナビリティ・トランスフォーメーション（SX）の実現に向けて」

正解 (2)

## 〔問－64〕SX の必要性

企業のSX（サステナビリティ・トランスフォーメーション）への取組みの必要性に関する記述について，適切でないものは次のうちどれですか。

(1) 公的機関は，子育て世代や高齢者など特定の層に対する社会課題の解決が中心となっており，全世代に一律的な対応をすることが難しい。

(2) 持続して社会課題を解決していくためには，ボランティアだけではなく，稼ぐ力のあるソーシャルビジネス（社会的企業）の存在が重要となる。

(3) 金融機関は，事業目的自体が社会課題の解決であるソーシャルビジネスに取り組む企業に対する融資判断を行うことによって，社会課題の解決の一端を担っているといえる。

### 解説＆正解

(1) 行政などの公的機関では公平性が重視されてサービスが一律となって，多様化する社会課題解決ニーズに応えることが難しいため，多様な社会課題の解決に向けて企業によるSXへの期待が高まってきた。したがって，(1)は適切でない。

(2) 行政やNPOだけでなく，一般企業がSXやESG，SDGsを経営に取り入れ，社会課題を生まないこと（ネガティブインパクトの最小化）と，社会課題の解決に取り組むこと（ポジティブインパクトの最大化）によって，社会課題の解決を目指すことが重要になる。したがって，(2)は適切である。

(3) 選択肢のとおりである。したがって，(3)は適切である。

　以上，経済法令研究会「SDGs・ESGの取組みに貢献するための取引先のサステナブル経営をサポートするコース　TEXT」引用・参照。

正解　(1)

環境省の「すべての企業が持続的に発展するために－持続可能な開発目標（SDGs）活用ガイド－第2版」の説明として，適切でないものは次のうちどれですか。

(1) 企業がSDGsを活用することによって広がる可能性として，①企業イメージの向上，②社会の課題への対応，③生存戦略になる，④新たな事業機会の創出の4点を挙げている。

(2) 取組み手順の最初は，何に取り組むか具体的に検討することである。

(3) 企業のSDGsへの取組み方には，本業としての取組み，CSR活動や社会貢献活動としての取組みがある。

### 解説＆正解

(1) 環境省は，持続可能な開発目標（SDGs）に係る取組みの進展に寄与することなどを目的として，「持続可能な開発目標（SDGs）活用ガイド」（以下「SDGs活用ガイド」という）を2018年6月に公表した（2020年3月には第2版が発行）。中小規模の企業・事業者を主な対象とし，企業がSDGsを活用することによって広がる可能性として，①企業イメージの向上，②社会の課題への対応，③生存戦略になる，④新たな事業機会の創出の4点を挙げている。したがって，(1)は適切である。

(2) SDGs活用ガイドでは，PDCAサイクルによるSDGsの取組み手順を5ステップで整理し示している。最初に取り組むのは「手順1：話し合いと考え方の共有」であり，具体例として，自社の企業理念の再確認，2030年の自社の将来像を考え全員で共有すること，特に若手職員が中心となって話し合うこと，などが示されている。したがって，(2)は適切でない。

(3) SDGs活用ガイドでは，企業のSDGsへの取組み方には，本業としての取組み，CSR活動や社会貢献活動としての取組みがあることを示している。SDGsに取り組む目的・動機は様々であるが，「自社にとってメリットとなり，社内の協力が得られやすい内容とするのがよい」としている。し

たがって，(3)は適切である。

## ●PDCAサイクルによるSDGsの取組み手順

| 取組の意思決定 | **手順1：話し合いと考え方の共有**<br><br>1）企業理念の再確認と将来ビジョンの共有<br>2）経営者の理解と意思決定<br>3）担当者（キーパーソン）の決定とチームの結成 |
|---|---|

| **PLAN**<br>（取組の着手） | **手順2：自社の活動内容の棚卸を行い、SDGsと紐付けて説明できるか考える**<br><br>1）棚卸の進め方<br>2）事業・活動の環境や地域社会との関係の整理<br>3）SDGsのゴール・ターゲットとの紐付け |
|---|---|

| **DO**<br>（具体的な取組の<br>検討と実施） | **手順3：何に取り組むか検討し、取組の目的、内容、ゴール、担当部署を決める**<br>**→取組の行動計画を作成し、社内での理解と協力を得る**<br><br>1）取組の動機と目的<br>2）取り組み方<br>3）資金調達について考える |
|---|---|

| **CHECK**<br>（取組状況の確認<br>と評価） | **手順4：取組を実施し、その結果を評価する**<br><br>1）取組経過の記録<br>2）取組結果の評価とレポート作成 |
|---|---|

| **ACT**<br>（取組の見直し） | **手順5：一連の取組を整理し、外部への発信にも取り組んでみる**<br>**→評価結果を受けて、次の取組を展開する**<br><br>1）外部への発信<br>2）次の取組への展開 |
|---|---|

出典：環境省「すべての企業が持続的に発展するために－持続可能な開発目標（SDGs）
活用ガイド－〔第2版〕」より作成

取引先のサステナビリティ課題への伴走支援

## ●SDGsの使い方と取組みの動機・目的（例）

| 目的 | 動機 | SDGsの使い方 |
|---|---|---|
| コスト削減 | 燃料費や電気代が高騰してきた | ◎従業員の省エネ意識を，SDGsを活用して改善する。活動や製造方法の改善などをして，コストを削減する |
| 経営計画の策定 | 顧客の幅が狭く，売上も縮小 | ◎SDGsに示された目標から2030年の世の中を想像し，何が必要か従業員みんなで考えてみる |
| 新製品・新サービスの開発 | 取引先からの要請 | ◎"持続可能性"を組み込んだ製品やサービスにより付加価値をつける |
| 新規顧客の開拓 | 売り上げ増 | ◎SDGsに則した調達基準を設定している企業などに営業する |
| 事業パートナーの募集 | 新たな事業をはじめたい | ◎異業種交流会やSDGsに関心のある企業セミナー等に参加しネットワークを構築する |
| 従業員のスキルアップ | 生産性を向上したい | ◎SDGsにより仕事と社会や地球環境とのつながりを理解することで，モチベーションの向上や意識改革を狙う |
| 就労環境の改善 | 働き方改革への対応 | ◎ゴール5やゴール8を参考に新しく制度や仕組を考える |
| 女性の活躍 | 優秀な人材確保 | ◎ゴール4を参考に家庭や育児と仕事を両立できるような制度や仕組を考え，女性を積極的に採用する |
| 知名度の向上とブランディング | 取引先や消費者からの信頼度を高めたい | ◎SDGsのアイコンを使って社会への貢献度や貢献内容をアピールする<br>◎認証の取得や表彰にチャレンジするなど，外部評価を得ることで対外的にアピールする 認証の取得や表彰にチャレンジするなど，外部評価を得ることで対外的にアピールする<br>◎地域の子供達に学習機会を提供し，自社の取組を題材にしてSDGsを説明する |

出典：環境省「すべての企業が持続的に発展するために－持続可能な開発目標（SDGs）活用ガイド－〔第2版〕」より作成

正解 （2）

─── 〔問−66〕 サステナブルカンパニー ───

サステナブルカンパニーに共通してみられる特徴に関する記述について，適切でないものは次のうちどれですか。

(1) 自然環境や地域の発展に重きを置き，ステークホルダーのうち，従業員や株主の利益は最低限にとどめている。

(2) 社会のサステナビリティと調和した，多様なステークホルダーが共感できる一貫した理念を掲げている。

(3) 多様なステークホルダー間で常に対話を繰り返すことで，経済的な成果のみではない社会的な成果を含む革新が生み出されている。

**解説＆正解**

ビジネスとしての収益性と社会課題の解決が両立した経営状態（サステナブル経営）を実現しているサステナブルカンパニーは，①理念重視の経営，②マルチステークホルダーへの配慮，③一貫した関係性の構築，④自己組織化，⑤ソーシャルイノベーションの創出といった共通点がある。

(1) サステナブルカンパニーでは，株主，従業員，顧客，協力企業，地域，自然環境等の多様なステークホルダーのいずれにも極端に偏らない配慮を行っている。したがって，(1)は適切でない。

(2) 選択肢のとおり，サステナブルカンパニーは，社会のサステナビリティと調和した多様なステークホルダーが共感した理念を重視した経営を行っている。したがって，(2)は適切である。

(3) 選択肢のとおり，多様なステークホルダーとの対話によってソーシャルイノベーションが創造されている。したがって，(3)は適切である。

以上，経済法令研究会「SDGs・ESGの取組みに貢献するための取引先のサステナブル経営をサポートするコース　TEXT」引用・参照。

**正解** (1)

取引先のサステナビリティ課題への伴走支援

## 〔問-67〕 経営者との対話

サステナブル経営支援における経営者との対話のポイントに関する記述について，適切でないものは次のうちどれですか。

(1) 融資判断のための財務情報のヒアリングだけではなく，中長期的な時間軸で「次世代に残したいもの」について，経営者に問いかけることが重要である。

(2) 企業活動が経済・社会・環境にもたらしているネガティブインパクトについては，経営者が自分から話ししにくい場合もあるため，「利益を得るために，犠牲にしているもの」について問うとよい。

(3) 近年，世代に関係なく多くの人が社会課題の解決に関心を持っているので，経営者に対してサステナブル経営の理解をあえて促す必要はない。

### 解説&正解

(1) 選択肢のとおりである。したがって，(1)は適切である。

(2) 選択肢のとおりである。したがって，(2)は適切である。

(3) 若い世代に社会課題の解決に関心を持つ人が増えているため，経営者は人材の確保・維持の面からも，サステナブル経営を進める必要性があることを意識する必要がある。したがって，(3)は適切でない。

以上，経済法令研究会「SDGs・ESGの取組みに貢献するための取引先のサステナブル経営をサポートするコース TEXT」引用・参照。

正解 (3)

## 〔問－68〕サステナブル経営支援における経営者との対話

サステナブル経営支援における経営者との対話に関する記述について，適切なものは次のうちどれですか。

(1)　相手に対して好奇心を持てなくても，対話において，あいづちやうなずきを交えながら，相手の話をさえぎらずに聞けばよい。

(2)　相手の話を聴きながら無意識に行う「良い・悪い」「正しい・正しくない」などの価値判断をいったん保留して，相手の話を受け止めることが重要である。

(3)　相手への反論が心に浮かんだときでも，相手の気分を害さないように口に出さない方がよい。

### 解説＆正解

　ウィリアム・イサック著の「Dialogue: The Art Of Thinking Together」において，対話には，①相手の話を傾聴する，②お互いを尊重する，③価値判断を保留する，④心に浮かんできたことを声に出すという対話の4原則が示されている。

(1)　対話においては傾聴することが必要である。相手の話を聴くためには，相手に対して好奇心を持つ必要がある。したがって，(1)は適切でない。

(2)　選択肢のとおりである。したがって，(2)は適切である。

(3)　心に浮かんできたことは素直に声に出すことが望ましい。ただし，その前提として，お互いに尊重しながら相手の話を聴いているという信頼が必要である。したがって，(3)は適切でない。

　以上，経済法令研究会「SDGs・ESGの取組みに貢献するための取引先のサステナブル経営をサポートするコース　TEXT」引用・参照。

正解　(2)

## 〔問－69〕 社会的インパクト評価

社会課題解決に関わる事業の成果を見える化する手法である社会的インパクト評価に関する記述について，適切でないものは次のうちどれですか。

(1) 社会的インパクトを評価するにあたっては，各企業の事業内容に応じて，その実施方法や内容を自由に選定すればよく，特にルールを設ける必要はない。

(2) ステークホルダーへ説明責任を果たし，事業運営や組織のあり方の改善に結びつけるためには，企業の製品やサービスによって，社会や環境にどのような変化をもたらしたかを定量的・定性的に把握することが必要である。

(3) 利害関係者が事業・活動を理解したり，資金提供の意思決定等をする際に必要な，社会的インパクトに関する重要な情報（マテリアリティ）が含まれることが必要である。

### 解説＆正解

(1) 社会的インパクト評価は，分野や事業内容，評価の目的，利害関係者のニーズ等によって，実施方法や内容は多種多様あり，評価方法に多様性を確保しながらもガイドライン等により一定のルールに則って評価を実施することが必要である。したがって，(1)は適切でない。

なお，分析手法の例として以下のようなものがある。

| 分析手法 | 概要 |
|---|---|
| 事前・事後比較<br>（Before-After） | 事業実施前・後の指標値を比較し，差を見ることで，事業実施の効果について検証を行う。 |
| 時系列<br>（Interrupted Time-Series） | 事業実施前の長期トレンドを観測し，実施後のトレンドの変化を見ることで，事業実施の効果について検証を行う。 |
| クロスセクション<br>（Cross Section） | 一時点で地域や個人間の，事業実施状況とアウトカムの相関関係を見ることにより，事業実施の効果について検証を行う。 |

| 一般指標<br>(Generic Control) | 事業対象グループの平均値と全国平均値，全県平均値などの一般指標値を比較し，差を見ることで，事業の効果について検証を行う。国内，同一県内における外部要因による影響値をある程度除去して考えることができる。 |
|---|---|
| マッチング<br>(Matched Control) | 事業の実施対象グループを決定した後で，可能な限り実施グループに近いグループ（年齢，性別等）を選定して比較し，差を見ることで，事業の効果について検証を行う。 |
| 実験的手法<br>(Experimental Control) | 事業の実施前に，事業の実施対象となりうるグループに対して，無作為割付により実施するグループと実施しないグループに分け，それを比較し，差を見ることで，事業の効果について検証を行う。 |

出典：内閣府　社会的インパクト評価検討ワーキング・グループ「社会的インパクト評価の推進に向けて－社会的課題解決に向けた社会的インパクト評価の基本的概念と今後の対応策について－」（平成 28 年 3 月）

(2)　選択肢のとおりである。したがって，(2)は適切である。

(3)　選択肢のとおりである。したがって，(3)は適切である。

　　以上，経済法令研究会「SDGs・ESGの取組みに貢献するための取引先のサステナブル経営をサポートするコース　TEXT」引用・参照。

正解　(1)

── 〔問-70〕 ロジックモデル ──

事業の実施から成果が出るまでの因果関係を整理したロジックモデルに関する記述について，適切でないものは次のうちどれですか。

(1) 事業実施後ではなく，事業の計画段階からロジックモデルを作成することで，社会的インパクト評価を効果的に行うことができる。

(2) ロジックモデルを作成することで，社会的インパクトを評価するのに必要なデータや基準となるデータが明確になり，データの追跡や収集ができるようになる。

(3) ロジックモデルを作成する際は，資源（インプット）をもとに，どんな活動（アクティビティ）を行うことでどのような結果（アウトプット）が生じ，どう変化（アウトカム）するのかと，順番に検討していくことが必要である。

**解説&正解**

(1) 選択肢のとおりである。したがって，(1)は適切である。

(2) 選択肢のとおりである。したがって，(2)は適切である。

(3) ロジックモデルを作成する際は，まず，起こしたい変化（最終アウトカム）を起点としてバックキャストすることが必要である。したがって，(3)は適切でない。

以上，経済法令研究会「SDGs・ESGの取組みに貢献するための取引先のサステナブル経営をサポートするコース TEXT」引用・参照。

正解 (3)

## 〔問－71〕 "見える化" によるブランド向上への支援

企業のSDGsへの取組みの見える化に関する記述について，適切でないものは次のうちどれですか。

(1) 自社のホームページやSNSでSDGs宣言さえしておけば，SDGsへの取組みについて第三者から認証等や具体的な成果がなくても，ブランド力の向上につなげることができる。

(2) 自治体や民間団体が主催する登録・認証等制度を取得して客観性のある評価を得ることで，金融機関による資金面の支援や，地方公共団体からの補助金等を受けやすくなる。

(3) サステナブル経営への取組みの見える化には様々な方法があり，手間や費用も異なるので，目的に応じて使い分けるとよい。

### 解説＆正解

(1) 第三者からの認証等によってSDGsへの取組みが客観的になり，ブランド力の向上効果が得られると考えられる。認証がなくてもSDGs宣言はすることができる。しかし，SDGs宣言をしても，具体的な成果を伴わない場合はSDGsウォッシュなどと判断されるおそれがあり，かえって批判につながる場合がある。したがって，(1)は適切でない。

(2) 内閣府の「地方公共団体のための地方創生SDGs登録・認証等制度ガイドライン【第一版】」によると，登録・認証等を受けた地域事業者等のメリットとして，金融機関からの経営アドバイス強化，投融資の拡大，優遇策の提供が挙げられている。また，地方公共団体からの支援としては，ビジネスマッチング強化，公共調達における優遇，補助金交付における優遇等が挙げられている。したがって，(2)は適切である。

(3) 選択肢のとおりである。したがって，(3)は適切である。

以上，経済法令研究会「SDGs・ESGの取組みに貢献するための取引先のサステナブル経営をサポートするコース　TEXT」引用・参照。

正解 (1)

―〔問―72〕 SDGs 宣言・登録・認証等制度―――

「SDGs宣言・登録・認証制度」に関する記述として，適切なものは次のうちどれですか。

(1) 「地方創生SDGs宣言・登録・認証制度ガイドライン」は，民間事業者によるSDGs宣言・登録・認証制度の適正な構築・運用を確保することを目的として策定された。

(2) SDGs宣言・登録・認証の3つの制度モデルいずれについても，事業者が要件を満たすことの確認と公表は地方公共団体が行う。

(3) SDGs宣言・登録・認証制度は，すでに半数以上の都道府県で導入されている。

**解説&正解**

(1) 内閣府「地方創生SDGs金融調査・研究会」により，2020年10月，地方公共団体のための「地方創生SDGs登録・認証制度等ガイドライン【第1版】」が公表された。2023年10月には「地方創生SDGs宣言・登録・認証制度ガイドライン（暫定版）2023年度【第二版】」への改訂が行われた。このガイドラインは，地方創生SDGsの実現に必要な，地域事業者のSDGs達成に関わる活動や，地域における資金等の還流と再投資（自律的好循環）に係る活動を促進するため，地方公共団体が地方創生SDGsに取り組む地域事業者を「見える化」する制度の構築や運用に資する指針を示すことを目的とする。したがって，(1)は適切でない。

(2) ガイドラインでは，①宣言，②登録，③認証の3つのモデルが想定されている。いずれも地方公共団体が設定した要件を前提として，要件を満たすことの確認と公表については，以下のように運用される。

① 宣言制度：地域事業者が，要件を満たすことを確認し，公表する
（地方公共団体による宣言した地域事業者の公表は任意）

② 登録制度：地方公共団体が，要件を満たした地域事業者を公表する

③ 認証制度：地方公共団体が，要件を満たした地域事業者を認証し，公表する

したがって，(2)は適切でない。

(3) 2024年3月31時点で、全国101自治体（25府県・65市・3特別区・6町・2村）でSDGs宣言・登録・認証制度が構築・運用されている。したがって、(3)は適切である。

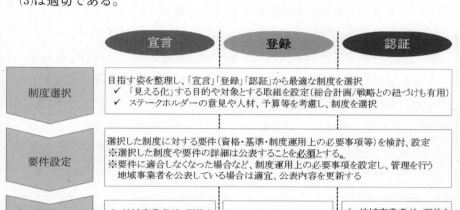

出典：地方創生SDGs金融調査・研究会「地方創生SDGs宣言・登録・認証制度ガイドライン（暫定版）2023年度【第二版】」（2023年10月）

正解　(3)

─〔問-73〕 サステナブル経営と対話 ─

サステナブル経営に取り組む際の心構えに関する記述について，適切でないものは次のうちどれですか。

(1) サステナブル経営を実現するために，最初に問いかける相手は自分自身である。

(2) 周囲の人々と取引先のサステナブルに関する状況について情報交換をするべきではあるが，「自分が所属する組織で実現しようとしている社会的な価値」について対話を行う必要はない。

(3) 「取引先，同僚，社会を犠牲にして自己の利益を図っている面があるとすれば，それは何か」について自分自身に問いかけ，その後周囲の人々と対話するとよい。

### 解説&正解

(1) 選択肢のとおり，サステナビリティに関して最初に問うべき相手は自分自身であり，その問いを持った後に，自分たちの周囲で対話を始めるとよい。したがって，(1)は適切である。

(2) サステナビリティに関して自分自身に問いかけた後，周囲の人と対話ができるようになれば，取引先にも自然と問いかけができるようになり，経営者の夢などを聴くことができるようになる。「自分が所属する組織で実現しようとしている社会的な価値」についても周囲の人と対話するとよい。したがって，(2)は適切でない。

(3) 選択肢のとおりである。したがって，(3)は適切である。

以上，経済法令研究会「SDGs・ESGの取組みに貢献するための取引先のサステナブル経営をサポートするコース TEXT」引用・参照。

正解 (2)

## 〔問－74〕 サステナブル経営とビジネスマッチング

　サステナブル経営支援のための対話の連鎖による共通価値の創造に関する記述について，適切でないものは次のうちどれですか。

(1)　金融機関は，多くの企業とのネットワークを潜在的な資源として有しているので，課題等を解決したいと望む企業に対して，その課題解決等につながる企業を紹介するビジネスマッチングに適した企業といえる。

(2)　ビジネスマッチングで共通価値を創造するためには，取引先との対話のみならず，金融機関内の行職員同士による対話といった，対話の連鎖が必要である。

(3)　取引先の営業秘密の漏洩となるため，行職員同士の対話の場となるビジネスマッチング掲示板等のITツールは導入してはならない。

### 解説＆正解

(1)　取引先の非金融面のサステナブル経営支援の1つとして，ビジネスマッチングが挙げられる。金融機関は多くの企業とつながりがあり，金融機関は，ビジネスマッチングに適した企業といえる。したがって，(1)は適切である。なお，金融機関がビジネスマッチングの支援を行うためには，各企業の強みと課題を対話によって把握することが必要である。

(2)　選択肢のとおり，ビジネスマッチングの支援のためには，「自分が担当する企業の課題を解決できる強みを持った企業」についての情報交換ができるような横で助け合う場が必要である。したがって，(2)は適切である。

(3)　行職員が横で助け合う場として，ビジネスマッチング掲示板等のITツールを導入している金融機関もある。ツールを導入した場合は，担当以外の取引先のために情報を提供するという風土や仕組みをつくることが必要である。したがって，(3)は適切でない。

　以上，経済法令研究会「SDGs・ESGの取組みに貢献するための取引先のサステナブル経営をサポートするコース　TEXT」引用・参照。

**正解**　(3)

取引先のサステナビリティ課題への伴走支援

## 〔問-75〕 サステナブル経営支援のための対話と学びの機会

サステナブル経営支援のための対話と学びの場に関する記述について，適切でないものは次のうちどれですか。

(1) 取引先の個別性を踏まえたサステナブル経営を支援するためには，相手の話を聴こうとする姿勢，つまり多様な相手を理解しようとする姿勢での対話が必要である。

(2) 従来の枠を超えた考え方を習得するためには，同じ経験を持っている同じ組織に所属している人達のみと，じっくり時間をかけて対話することが重要になる。

(3) 取引先のサステナブル経営を支援するためには，取引先に興味を持って，取引先の個別性を踏まえて，対話を通じて一緒に解決策をつくっていくことが重要である。

**解説＆正解**

(1) 選択肢のとおりである。したがって，(1)は適切である。

(2) 従来の枠を超えた考え方を習得するためには，異なる組織に所属している人達との対話が重要になる。したがって，(2)は適切でない。

(3) 選択肢のとおり，従来型の自社の商品・サービスを売るためのセールスモデルではなく，対話を通じて，取引先の個性を踏まえた解決策を一緒につくることが重要である。したがって，(3)は適切である。

以上，経済法令研究会「SDGs・ESGの取組みに貢献するための取引先のサステナブル経営をサポートするコース　TEXT」引用・参照。

**正解**　(2)

# 気候変動対策の重要性、排出量算定、削減目標に関する理解等

---

## 〔問-76〕 脱炭素・気候変動

脱炭素・気候変動に関する説明として，適切でないものは次のうちどれですか。

(1) 過剰に排出された温室効果ガスの影響によって，気候変動が生じているといわれている。

(2) 「気候変動に関する政府間パネル（IPCC）」の報告書は，政治的には中立な立場を守りながら，温室効果ガスと地球温暖化，気候変動との関係の蓋然性が，科学的知見から高まっていることが示唆されている。

(3) 国連は1992年に国連気候変動枠組条約（UNFCCC）を採択し，国連気候変動枠組条約締約国会議（COP）において，先進国に対する温室効果ガスに関する様々な国際的ルールが協議されている。

---

### 解説＆正解

(1) サステナビリティにおいては，以前から気候変動の分野が注目されてきた。産業革命以降に進んだ急速な工業化により，大気中に排出する温室効果ガスの量は爆発的に増加し，その過剰に排出された温室効果ガスが，地球の平均気温を上昇させている「地球温暖化」が生じている。地球温暖化により気温だけでなく降水など，気象に様々な変化が現れる現象は，「気候変動」と呼ばれている。したがって，(1)は適切である。

(2) 1980年代になって地球温暖化や気候変動が国際的な課題として広く認識されるようになり，世界気象機関（WMO）と国連環境計画（UNEP）は，気候変動に関する最新の科学的知見をとりまとめて評価することを目的として，1988年に「気候変動に関する政府間パネル（IPCC）」を共同で設立した。

　　IPCCの報告書は一貫して政治的には中立な立場を守りながら，温室効果ガスと地球温暖化，気候変動との関係の蓋然性が，科学的知見から高まっていることが示唆されている。したがって，(2)は適切である。

(3) IPCCによる科学的知見を背景として，1992年にブラジル・リオデジャ

ネイロで開催された「国連環境開発会議（地球サミット）」において，国連は大気中の温室効果ガス濃度の安定化を目的とした「国連気候変動枠組条約（UNFCCC）」を採択した。

　UNFCCCは，採択以降ほぼ毎年，締約国が参加する定例会合として国連気候変動枠組条約締約国会議（COP）を開催しており，温室効果ガスに関する様々な国際的ルールが協議されている。COPでの協議の成果として，1997年に採択された京都議定書，2015年に採択されたパリ協定などがある。したがって，(3)は適切でない。

　以上，経済法令研究会「SDGs・ESGの取組みに貢献するための取引先のサステナブル経営をサポートするコース　TEXT」引用・参照。

正解　　(3)

気候変動対策の重要性，排出量算定，削減目標に関する理解等

IPCCによる気候変動に関する科学的な知見に関する説明として，適切でないものは次のうちどれですか。

(1)　人間の影響が大気，海洋及び陸域を温暖化させてきたことには疑う余地がない。

(2)　温室効果ガスの排出が大幅に減少しない限り，21世紀中に1.5℃及び2℃の地球温暖化を超える。

(3)　21世紀後半になると，人為起源の気候変動が，世界中のすべての地域で多くの極端な気象と気候に影響を及ぼすようになる。

**解説＆正解**

　気候変動に関する政府間パネル（IPCC）「第6次評価報告書第1作業部会報告書（自然科学的根拠）」（2021年8月）では，主な知見を意見のように要約している。

○人間の影響が大気，海洋及び陸域を温暖化させてきたことには疑う余地がない。
　大気，海洋，雪氷圏，及び生物圏において，広範かつ急速な変化が現れている。

○気候システム全般にわたる最近の変化の規模と，気候システムの多くの側面における現在の状態は，数百年から数千年にわたって前例のないものである。

○人為起源の気候変動は，世界中の全ての地域で多くの極端な気象と気候に既に影響を及ぼしている。

○多くの変化，特に海洋，氷床，及び世界の海面水位における変化は，数百年から数千年にわたって不可逆的である。

○温室効果ガスの排出が大幅に減少しない限り，21世紀中に1.5℃及び2℃の地球温暖化を超える。

○人為的な地球温暖化を特定の水準に制限するには，$CO_2$の累積排出量を制限し，少なくとも正味ゼロの$CO_2$排出を達成し，他の温室効

果ガスの排出も大幅に削減する必要がある。CH$_4$排出の大幅，迅速，かつ持続的な削減は，エーロゾルによる汚染の減少に伴う昇温効果を抑制し，大気質を改善させるだろう。

したがって，選択肢(1)(2)はそのとおりであり，適切である。選択肢(3)については，「人為起源の気候変動は，世界中のすべての地域で多くの極端な気象と気候に既に影響を及ぼしている」とされており，適切でない。

2011 ～ 2020年の世界平均気温は，1850 ～ 1900年よりも1.09℃高く，海上（0.88℃）よりも陸域（1.59℃）で大きく上昇したとされる。

● 1850-1900年を基準とした世界平均気温

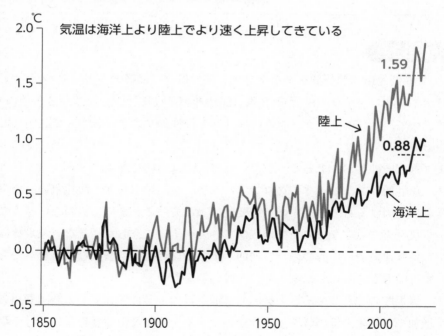

出典：「IPCC 第6次評価報告書の概要－第1作業部会（自然科学的根拠）－」
（2023年5月暫定版）

気候変動対策の重要性、排出量算定、削減目標に関する理解等

正解　(3)

─── 〔問－78〕 物理的リスクと財務への影響 ───

気候変動に起因する物理的リスクに関する説明として，適切でないものは次のうちどれですか。

(1) 物理的リスクは組織に対し，資産に対する直接的損傷と，サプライチェーンの寸断から生じる間接的な影響など，財務的な影響をもたらすこともある。

(2) 急性的リスクは，エネルギー効率の良い技術革新やイノベーションなどへの対応の遅れが，短期的に組織にもたらす影響を指す。

(3) 慢性的リスクは，海面上昇や長期的な熱波の原因となりえる気候パターン（長期的高温など）の長期的なシフトを指す。

---

**解説＆正解**

「気候関連財務情報開示タスクフォースの提言（最終報告書）」サステナビリティ日本フォーラム私訳 第2版（2018年10月初版公表、2022年4月改訂）において，物理的リスクを急性的リスクと慢性的リスクに分類して説明している。

(1) 選択肢のとおりである。したがって，(1)は適切である。

(2) 急性的リスクは，サイクロン，ハリケーン，洪水などの激化といった事象に起因するものを指す。気候変動によって，これまでに例のない甚大な気象災害や熱波などの発生が懸念されている。こうした極端な気象現象は，頻度は比較的低いものの，短期的，集中的に発生し，甚大な被害をもたらす可能性がある。したがって，(2)は適切でない。

(3) 選択肢のとおりである。気温や海面水温の上昇に伴う夏季の空調費用の増加や労働生産性の低下，農作物の生育不全，畜産業や養殖業における生産量の低下，降水パターンの変化に伴う水資源への影響，海水面の上昇による影響などが徐々に進行する。したがって，(3)は適切である。

環境省「改訂版　民間企業の気候変動適応ガイド－気候リスクに備え，勝ち残るために－」（2022年3月）では，急性的リスク（急性影響），慢性的リ

スク（慢性影響）の代表的な例を，それぞれ次のページのとおり示している。

●代表的な急性的リスクの例

大雨による水害

台風など強風による損傷

インフラの阻害

土砂災害による供給網寸断

沿岸の施設の高潮・高波被害

豪雪による交通マヒ、孤立　　猛暑による労働環境の悪化

●代表的な慢性的リスクの例

渇水による原料供給への影響

降水パターン変化による水資源量減少

感染症対策費の増加

スキー場の雪不足等、利用可能な天然資源の減少

空調費等の電力費施設維持管理費品質管理費等の上昇

海水面上昇による海岸の侵食、沿岸域の施設の排水不良、地下水の塩水化

出典：環境省「改訂版　民間企業の気候変動適用ガイド－気候リスクに備え、勝ち残るために－」（2022年3月）

物理的リスクが企業の財務に与える影響について，CDP気候変動質問書（2021）の回答企業の状況をみると，以下の表のとおり，生産能力低下に起因した売上減少，直接費の増加，間接費（運営費）の増加など，損益計算書に関わる項目に対する認識の度合いが高くなっている。

## ●物理的リスクが企業の財務に与える影響

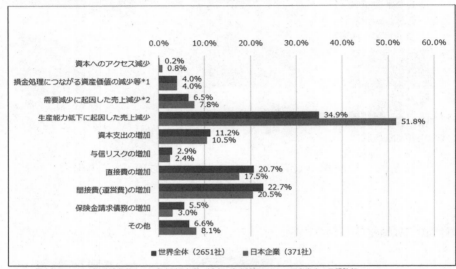

＊1　損金処理につながる資産価値または資産耐用年数の減少、資産減損、または既存資産の早期除却

＊2　商品・サービスに対する需要減少に起因した売上減少

正解　（2）

## 〔問−79〕 世界と日本の温室効果ガス排出量

世界と日本の温室効果ガス排出量に関する説明として，適切なものは次のうちどれですか。

(1) 世界の温室効果ガス排出量は，2015年に気候変動枠組条約パリ協定が発効して以降，減少傾向に転じている。

(2) 世界の温室効果ガス排出量の9割が，化石燃料由来の$CO_2$排出量である。

(3) 日本の温室効果ガス排出量は，2013年以降，おおむね減少傾向にある。

### 解説＆正解

(1) 国連環境計画（UNEP）の「Emission Gap Report 2023」によると、世界の温室効果ガス排出量は，2015年に気候変動枠組条約パリ協定が発効して以降も増加基調にある（ただし，2020年に新型コロナ感染症拡大の影響により一時的に減少）。したがって，(1)は適切でない。

(2) 国連環境計画（UNEP）の「Emission Gap Report 2023」によると、化石燃料由来の$CO_2$排出量は，世界の温室効果ガス排出量の多くを占めるが，その割合は7割強である。したがって，(2)は適切でない。

(3) 日本の温室効果ガス排出量は，2013年度（2030年の温室効果ガス排出目標の基準年）以降，おおむね減少傾向にある。2013年度の排出量14億800万トンに対し，2022年度の排出量11億3,500万トンは，19.3％削減に相当する（環境省「2021年度（令和3年度）の我が国の温室効果ガス排出・吸収量について」）。したがって，(3)は適切である。

## ●世界の温室効果ガス排出量の推移

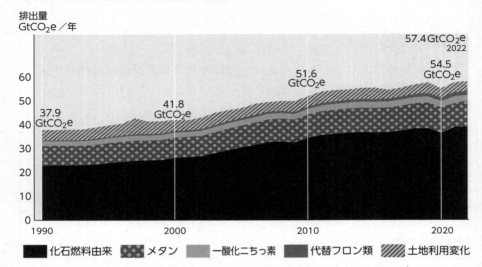

出典：United Nations Environment Programme（UNEP）. Emissions Gap Report 2023: The Closing Window — Climate crisis calls for rapid transformation of societies. p.XVIIをもとに作成

## ●日本の温室効果ガス排出量の推移（吸収量を加味していない）

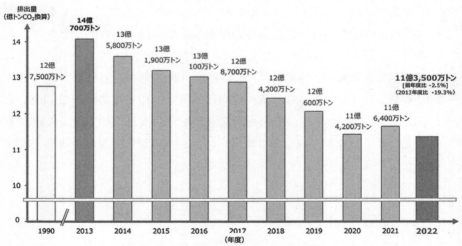

出典：環境省・国立環境研究所「2022年度の温室効果ガス排出・吸収量（詳細）」

正解　（3）

## 〔問－80〕 カーボンバジェット

カーボンバジェットに関する説明として，適切でないものは次のうちどれですか。

(1)　人為的な地球温暖化を特定の水準に制限するには，$CO_2$の累積排出量を制限し，少なくとも正味ゼロの$CO_2$排出を達成し，他の温室効果ガスの排出も大幅に削減する必要がある。

(2)　カーボンバジェット（炭素予算）とは，各国に割り当てられた$CO_2$の累積排出量の上限のことをいう。

(3)　残余カーボンバジェットとは，気温上昇を一定の水準に抑制する前提で，過去の排出量と気温上昇率を元に算定された，将来排出できる$CO_2$の累積排出量のことをいう。

### 解説＆正解

(1)　選択肢のとおりである。したがって，(1)は適切である。

(2)　「カーボンバジェット」（炭素予算）とは，人間活動を起源とする気候変動による地球の気温上昇を一定のレベルに抑える場合に想定される，温室効果ガスの累積排出量（過去の排出量と将来の排出量の合計）の上限値をいう（EICネット環境用語集「カーボンバジェット」より）。したがって，(2)は適切でない。

(3)　カーボンバジェットの考え方に基づき，過去の排出量と気温上昇率を元に，将来排出できる量（残余カーボンバジェット）を推計できる。「IPCC第6次評価報告書の概要　第1作業部会（自然科学的根拠）」では，1850～1900年を基準とする気温上昇を，1.5℃など特定の温度までに抑制しようとする場合の残余カーボンバジェットを推定している（次ページ参照）。したがって，(3)は適切である。

※IPCC：気候変動に関する政府間パネル
　　（Intergoverment Panel on Climate Change）

## ●残余カーボンバジェットはどのくらい？

IPCC「第6次評価報告書第1作業部会報告書（自然科学的根拠）」では，1850〜2019年にかけての過去の累積$CO_2$排出量を2兆3,900億t-$CO_2$（2,390Gt-$CO_2$ ± 240Gt-$CO_2$）と推定している。

今後（2020年〜）の残余カーボンバジェットについては，1850〜1900年を基準とする気温上昇を1.5℃までに抑制できる可能性を50%とした場合には5,000億t-$CO_2$（500Gt-$CO_2$），67%とした場合には4,000億t-$CO_2$（500Gt-$CO_2$）と推定している。

**表 過去の二酸化炭素（$CO_2$）排出量及び残余カーボンバジェット推定値。**
残余カーボンバジェットの推定値は、2020年の初めから計算され、世界全体で$CO_2$排出量が正味ゼロに到達する時点まで及ぶ。これらは$CO_2$排出量を指すが、非$CO_2$排出による地球温暖化の効果も考慮している。本表における地球温暖化とは、人為的な世界平均気温の上昇を示しており、個々の年における世界全体の気温に対する自然変動の影響は含まれていない。

| 1850〜1900年から2010〜2019年にかけての地球温暖化（℃） | | 1850〜2019年にかけての過去の累積$CO_2$排出量（Gt$CO_2$） | | | | | |
|---|---|---|---|---|---|---|---|
| 1.07（0.8〜1.3; 可能性が高い範囲） | | 2390（± 240; 可能性が高い範囲） | | | | | |
| 1850〜1900年を基準とする気温上限までのおおよその地球温暖化（℃） | 2010〜2019年を基準とする気温上限までの追加的な地球温暖化（℃） | 2020年の初めからの残余カーボンバジェット推定値（Gt$CO_2$）<br>*気温上限までで地球温暖化を抑制できる可能性 *<br>17% / 33% / 50% / 67% / 83% | | | | | 非$CO_2$排出削減量のばらつき ** |
| | | 17% | 33% | 50% | 67% | 83% | |
| 1.5 | 0.43 | 900 | 650 | 500 | 400 | 300 | 付随する非$CO_2$排出削減の高低により、左記の値は220 Gt$CO_2$以上増減しうる |
| 1.7 | 0.63 | 1450 | 1050 | 850 | 700 | 550 | |
| 2.0 | 0.93 | 2300 | 1700 | 1350 | 1150 | 900 | |

*ここに記載した可能性は、累積$CO_2$排出量に対する過渡的気候応答（TCRE）と地球システムの追加的なフィードバックの不確実性に基づいており、地球温暖化が左記の2列に示された気温水準を超えない確率を示す。過去の昇温に関する不確実性（± 550 Gt$CO_2$）と非$CO_2$の強制力とそれに伴う応答に関する不確実性（± 220 Gt$CO_2$）は、TCREの不確実性の評価で一部扱われているが、2015年以降の最近の排出量の不確実性（± 20 Gt$CO_2$）と正味ゼロの$CO_2$排出量を達成した後の気候応答の不確実性（± 420 Gt$CO_2$）は別扱いとなる。
**残余カーボンバジェットの推定値は、SR1.5で評価されたシナリオで示唆される非$CO_2$駆動要因による温暖化を考慮している。

出典：AR5 WG1 表 SPM.2

出典：環境省「IPCC 第6次評価報告書の概要 − 第1作業部会（自然科学的根拠）−」2023年5月暫定版をもとに作成

**正解** (2)

┌─── 〔問−81〕 脱炭素経営 ───
│
│ 環境省が推進する脱炭素経営に関する記述として，適切な組合せは次
│ のうちどれですか。
│
│ ① 脱炭素経営は，経営リスク低減だけでなく，成長のチャンスにも
│   なり得る。
│
│ ② 脱炭素経営は，上場・大企業だけでなく，中小規模の事業者に
│   とってもメリットがある。
│
│ ③ 脱炭素経営に向けた3つのステップは，「減らす，創る，貯める」
│   である。
│
│ ④ 産業活動等によるCO₂排出が温暖化に大きな影響を与えており、
│   脱炭素経営による対応が求められている。
│
│ (1) ①，③は適切であるが，②，④は適切でない。
│ (2) ①，③，④は適切であるが，②は適切でない。
│ (3) ①，②，④は適切であるが，③は適切でない。
└────────────────────────────────

**解説＆正解**

① 脱炭素経営とは，気候変動対策（≒脱炭素）の視点を織り込んだ企業経
営のことで，経営リスク低減や成長のチャンス，経営上の重要課題として
全社を挙げて取り組むものである。中小規模事業者にとって，カーボンニ
ュートラルに向けた取組みは，多くの投資が必要であり，資金が必要と思
われがちである。さらに，新型コロナウィルス感染症対策への対応や，世
界的なエネルギー価格や物価の高騰により，中小規模事業者の経営は逼迫
している。そのような中，脱炭素経営は，厳しい事業環境を乗り越える糸
口となり得る。したがって，①は適切である。

② 先行して脱炭素経営に取り組む中小規模事業者では，次ページのような
メリット（①〜⑤）を獲得している例がある。したがって，②は適切であ
る。

③ 脱炭素経営に向けた3つのステップは，「❶知る，❷測る，❸減らす」と

されている。電力のHTT（減らす・創る・蓄める）は，気候変動（地球温暖化）対策，中長期的なエネルギーの安定確保の観点から東京都が進めている取組みである（東京都ウェブサイト「HTT（減らす・創る・蓄める）を進めよう！」より）。したがって，③は適切でない。

④　脱炭素経営が求められる背景として，二酸化炭素（$CO_2$），メタン（$CH_4$），一酸化二窒素（$N_2O$）などの温室効果ガスが大気中に放出されることにより地球の気温を上昇させ，極端な気象事象（ハリケーン，豪雨，干ばつなど）の増加や氷河や氷床の融解など人や生態系への深刻な影響も懸念されており，経済活動への影響も拡大することが考えられる。このような温暖化は，特に産業活動やエネルギー生産における$CO_2$排出が大きな影響を与えており，有限な自然資源の利用と，地球環境の保全をも目的とした脱炭素経営による持続可能な経済の実現が社会的に求められている，と説明されている（環境省「グリーン・バリューチェーン・プラットフォーム」参照）。したがって，④は適切である。

以上より，①，②，④は適切であるが，③は適切でなく，(3)が本問の正解である。

## ●脱炭素経営に取り組む５つのメリット

| ①優位性の構築 | 他社より早く取り組むことで「脱炭素経営が進んでいる企業」や「先進的な企業」という良いイメージを獲得できる。 |
|---|---|
| ②光熱費・燃料費の低減 | 年々高騰する原料費の対策。企業の業種によっては光熱費が半分近く削減できることもある。 |
| ③知名度・認知度向上 | 環境に対する先進的な取組みがメディアに取り上げられることもある。お問い合わせが増えることで売上の増加も見込める。 |
| ④社員のモチベーション・人材獲得力向上 | 自社の社会貢献は社員のモチベーションにつながる。サステナブルな企業へ従事したい社員数は年々増加している。 |
| ⑤好条件での資金調達 | 企業の長期的な期待値を測る指標として，脱炭素への取組みが重要指標化している。 |

出典：環境省「中小規模事業者向けの脱炭素経営導入ハンドブック」をもとに作成

正解　(3)

低炭素経済への移行リスクの種類に関する説明として，適切でないものは次のうちどれですか。

(1) 移行リスクとは，気候変動の結果，地球の気候が従来の比較的安定した状態から，異常気象等が頻発する状態に移行することに伴って生じる可能性のある将来的なリスクである。

(2) 政策及び法規制のリスクとしては，炭素税（カーボン・プライシング）の導入・引き上げや訴訟リスクの増大が挙げられる。

(3) 再生可能エネルギー，蓄電池，省エネ，CCS（炭素回収貯留）などの新技術の開発や利用が，製造・販売コストなどの競争力や，製品・サービスの需要に影響する可能性がある。

**解説＆正解**

　「気候関連財務情報開示タスクフォースの提言（最終報告書)」においてサステナビリティ日本フォーラム私訳 第2版（2018年10月初版公表、2022年4月改訂)，移行リスクを政策及び法規制のリスク，技術のリスク（テクノロジーリスク)，市場のリスク，評判上のリスクに分類して説明している。

(1) 移行リスクは，低炭素経済への移行に関連したリスクであり，政策及び法規制のリスク，テクノロジーのリスク，市場のリスク，評判上のリスクに分類される。選択肢は物理的リスクについての説明である。したがって，(1)は適切でない。

(2) 政策及び法規制のリスクとして，①気候変動の悪影響の一因となる活動の制限や気候変動への適応を促進しようとする政策，②訴訟または法的リスクが挙げられる。①については，GHG排出量削減のための炭素価格付け（カーボン・プライシング）メカニズムの試行，低炭素排出型のエネルギー利用へのシフト，エネルギー効率向上策の採用，水の利用効率向上策の促進，より持続可能な土地利用活動の推進などが挙げられる。②については，近年，資産家，地方自治体，州，保険会社，株主，および公益組織により提訴される気候関連の訴訟申し立ての増大や，気候変動による損失と損害

の額が増えることに伴う訴訟のリスクが高まる可能性である。したがって，(2)は適切である。

(3) テクノロジーのリスクについては，低炭素でエネルギー効率の良い経済システムへの移行を支援する技術改良や技術革新は，組織に重要な影響を与えうる。例えば，再生可能エネルギー，蓄電池，省エネ，CCS（炭素回収・貯留）などの新技術の開発や利用が，ある組織の製造・販売コストなどの競争力に影響し，最終的には彼らの製品やサービスに対するエンドユーザーの需要にも影響を与えるだろうとされている。したがって，(3)は適切である。

なお，市場リスク・評判リスクについては，それぞれ以下のとおりである。

市場リスク：市場が気候変動の影響を受ける道筋は多様かつ複雑であるが，主要な道筋の1つは，気候関連のリスクと機会がますます考慮されるため，特定の商品，製品，サービスの需要と供給の変化による。

評判リスク：気候変動は，低炭素経済への移行に関する組織の寄与もしくは損失に対する顧客または地域社会の認知の変化が評判リスクにつながる潜在的な原因と認識されている。

正解 (1)

## 〔問－83〕 移行リスクの財務的影響

低炭素経済への移行リスクの財務的影響に関する説明として，適切でないものは次のうちどれですか。

(1) 新たな規制，新たな技術の登場，消費者の好みの変化などにより，既存製品・サービスの需要が減少し，収入の減少が生じる可能性がある。

(2) エネルギー費や原材料費の高騰により，操業コストが増大する可能性がある。

(3) 洪水などの異常気象の激甚化により，ハイリスクな地域にある資産に対する保険料の増大，保険提供可能性が低下する可能性がある。

### 解説＆正解

「気候関連財務情報開示タスクフォースの提言（最終報告書）」サステナビリティ日本フォーラム私訳 第2版（2018年10月初版公表、2022年4月改訂）において，移行リスクを政策及び法規制のリスク，テクノロジーのリスク，市場のリスク，評判上のリスクに分類して説明している。

(1) 選択肢のとおりである。したがって，(1)は適切である。

(2) 選択肢のとおりである。したがって，(2)は適切である。

(3) 選択肢は，急性の物理的リスクによる財務的影響の例である。したがって，(3)は適切でない。

なお，気候関連財務情報開示タスクフォース（TCFD）は，2023年10月12日に2023年の状況報告書を発表すると同時に，その任務を終えて解散した。その後，企業の気候関連情報開示の進捗状況の監視はIFRS財団が引き継ぎ，IFRS財団の組織であるISSBが新しい国際開示基準（IFRS S1号，IFRS S2号）を定めている（〔問－112〕解説参照）。

気候変動対策の重要性、排出量算定、削減目標に関する理解等

## ●移行リスクと潜在的な財務的影響の例

| 種類 | 気候変動リスク | 潜在的な財務的影響 |
|---|---|---|
| 移行リスク | **政策及び法規制** | |
| | – GHG 排出価格の上昇<br>– 排出量の報告義務の強化<br>– 既存の製品およびサービスへの<br>　マンデート（受託事項）および<br>　規制<br>– 訴訟にさらされること | – 運営コストの増加<br>　（例：コンプライアンスコストの増加、<br>　保険料値上げ）<br>– 政策変更による資産の減価償却、減損<br>　処理、既存資産の期限前資産除去<br>– 罰金と判決による製品やサービスのコ<br>　ストの増加や需要の減少 |
| | **テクノロジー** | |
| | – 既存の製品やサービスを排出量<br>　の少ないオプションに置き換え<br>　ること<br>– 新技術への投資の失敗<br>– 低排出技術に移行するためのコ<br>　スト | – 既存資産の償却および早期撤収<br>– 製品とサービスの需要の減少<br>– 新技術と代替技術の研究開発費(R & D)<br>– 技術開発に向けた設備投資<br>– 新しい実務慣行とプロセスを採用／導<br>　入するためのコスト |
| | **市場** | |
| | – 顧客行動の変化<br>– 市場シグナルの不確実性<br>– 原材料コストの上昇 | – 消費者の嗜好の変化による商品とサー<br>　ビスの需要の減少<br>– 原料価格（例：エネルギー、水）やア<br>　ウトプットへの要求事項（例：廃棄物<br>　処理）の変化による生産コスト上昇<br>– エネルギーコストの急激かつ予期せぬ<br>　変化<br>– 収益構成と収益源の変化による収益減少<br>– 資産の再評価（例：化石燃料埋蔵量、<br>　土地評価、有価証券評価） |
| | **評判** | |
| | – 消費者の嗜好の変化<br>– 産業セクターへの非難<br>– ステークホルダーの懸念の増大<br>　またはステークホルダーの否定<br>　的なフィードバック | – 商品／サービスに対する需要の減少に<br>　よる収益の減少<br>– 生産能力の低下による収益の減少（例：<br>　計画承認の遅延、サプライチェーンの<br>　中断）<br>– 労働力のマネジメントと計画への悪影<br>　響による収益の減少（例：従業員の獲<br>　得と定着） |

出典：「気候関連財務情報開示タスクフォースの提言（最終報告書）」（2017 年 6 月）
をもとに作成

正解 (3)

---〔問-84〕移行機会と財務的影響 ---

低酸素経済への移行機会（気候関連の機会）の財務的影響に関する説明として，適切でないものは次のうちどれですか。

(1)　より効率的な生産・流通プロセスを開発・導入することにより，操業コストが削減できる可能性がある。

(2)　低炭素商品・サービスの開発に対する先行投資が必要になる可能性がある。

(3)　再生可能エネルギーなど，低炭素排出のエネルギー源に転換することにより，将来の化石エネルギー価格増大に対する影響を軽減できる可能性がある。

**解説＆正解**

「気候関連財務情報開示タスクフォースの提言（最終報告書）」サステナビリティ日本フォーラム私訳 第2版（2018年10月初版公表、2022年4月改訂）において，移行機会（気候関連の機会）を資源の効率，エネルギー源，製品とサービス，市場，レジリエンス（回復力）に分類して説明している。

(1)　資源の効率に関する機会の説明である。したがって，(1)は適切である。

(2)　選択肢は，移行リスクによる財務的影響の例である。したがって，(2)は適切でない。ただし，低炭素商品・サービスの開発に成功した場合，そうした商品・サービスへの需要により収入が増大する可能性がある点に着目すれば，気候機会（製品とサービスに関する機会）となる。

(3)　エネルギー源に関する機会の説明である。したがって，(3)は適切である。

気候変動対策の重要性、排出量算定、削減目標に関する理解等

## ●気候関連の機会と潜在的な財務的影響の例

| 種類 | 気候関連の機会 | 財務への潜在的な影響 |
|---|---|---|
| 資源効率 | – より効率的な輸送手段の使用（モーダルシフト）<br>– より効率的な生産および流通プロセスの使用<br>– リサイクルの利用<br>– 高効率ビルへの移転<br>– 水使用量と消費量の削減 | – 運営コストの削減（例：効率向上とコスト削減）<br>– 生産能力の増加による収益の増加<br>– 固定資産価値の上昇（例：エネルギー効率の評価が高い建物）<br>– 労働力のマネジメントと計画（例：改善された健康と安全、従業員の満足度）によるコスト削減 |
| エネルギー源 | – より低排出のエネルギー源の使用<br>– 支援的な政策インセンティブの使用<br>– 新技術の使用<br>– 炭素市場への参入<br>– 分散型エネルギー源への転換 | – 運営コストの低減（例：最低除去費用の活用による）<br>– 将来の化石燃料価格上昇へのエクスポージャーの減少<br>– GHG排出量の削減、したがって炭素費用の変化に対する感度の低下<br>– 低排出技術への投資からの収益<br>– 資本の利用可能性の向上（例：より排出量の少ない生産者を選好する投資家の増加）<br>– 商品／サービスに対する需要の増加につながる評判上のメリット |
| 製品とサービス | – 低排出商品およびサービスの開発および／または拡張<br>– 気候適応と保険リスクソリューションの開発<br>– 研究開発とイノベーションによる新製品またはサービスの開発<br>– 事業活動を多様化する能力<br>– 消費者の嗜好の変化 | – 排出量の少ない製品およびサービスの需要を通じた収益の増加<br>– 適応のニーズに対する新しいソリューションを通じた収益の増加（例：保険リスク移転商品およびサービス）<br>– 変化する消費者の嗜好を反映するための競争力の強化による収益の増加 |
| 市場 | – 新しい市場へのアクセス<br>– 公共セクターのインセンティブの使用<br>– 保険の付保を必要とする新しい資産と立地へのアクセス | – 新規および新興市場へのアクセスを通じた収益の増加（例：政府、開発銀行とのパートナーシップ）<br>– 金融資産の多様化（例：グリーンボンドやインフラ） |
| レジリエンス | – 再生可能エネルギープログラムへの参加とエネルギー効率化措置の適用<br>– 資源の代替／多様化 | – レジリエンス計画（例：インフラ、土地、建物）による市場評価の向上<br>– サプライチェーンの信頼性とさまざまな条件下での業務能力の向上<br>– レジリエンス確保に関連する新製品およびサービスを通じての収益の増加 |

出典：「気候関連財務情報開示タスクフォースの提言（最終報告書）」をもとに作成

正解　(2)

## 〔問−85〕 $CO_2$ 排出量の算定方法

$CO_2$ 排出量の算定方法に関する説明として，適切なものは次のうちどれですか。

(1) $CO_2$ 排出量は，活動量に排出係数（排出原単位）を乗じることで算定することができる。

(2) 活動量は，化石燃料の消費量と電力の消費量である。

(3) 電力の係数は，電気事業者ごとに異なり，5年に1回の頻度で更新されている。

### 解説＆正解

(1) $CO_2$ 排出量は，活動量に排出係数（排出原単位）を乗じることで算定することができる。したがって，(1)は適切である。

(2) 活動量は，事業者の活動の規模に関する量のことで，例えば電気の使用量，貨物の輸送量，廃棄物の処理量，各種取引金額などが該当する。したがって，(2)は適切でない。

(3) 電力の排出係数（排出原単位）は，電気事業者ごとに異なり，年度ごとに更新される。また，同じ電気事業者であっても，メニューごとに係数が異なる場合がある。

環境省ウェブサイト「温室効果ガス排出量　算定・報告・公表制度＞算定方法・排出係数一覧」より電気事業者別排出係数一覧を入手することができる。電気以外の排出係数は，同じページより入手できる「算定・報告・公表制度における算定方法・排出係数一覧」に記載されている。

したがって，(3)は適切でない。

気候変動対策の重要性，排出量算定，削減目標に関する理解等

## ●CO₂排出量算定ツール

中小企業が容易に入手し活用できる $CO_2$ 排出量算定ツールとしては，以下のものがある。

●日本商工会議所 $CO_2$ チェックシート

　https://eco.jcci.or.jp/checksheet

●エコアクション 21 ガイドライン 2017 年版別表環境への負荷の自己チェック表

　https://www.ea21.jp/ea21/guideline/

　以上、環境省「サプライチェーン排出量算定の考え方」、環境省ウェブサイト「温室効果ガス排出量　算定・報告・公表制度＞算定方法・排出係数一覧」を参考にして作成。

**正解** (1)

サプライチェーン排出量の説明として，適切でないものは次のうちどれですか。

(1) Scope 1（スコープ1）排出量は，製品の使用に伴う$CO_2$排出量のことをいう。

(2) Scope 2（スコープ2）排出量は，他社から供給された電気，熱・蒸気の使用に伴う間接排出をいう。

(3) Scope 3（スコープ3）排出量は，Scope 1，Scope 2以外の間接排出（事業者の活動に関連する他社の排出）をいう。

## 解説&正解

サプライチェーンとは，原料調達・製造・物流・販売・廃棄等，企業活動における一連の流れ全体をいい，そこから発生する温室効果ガス排出量を，サプライチェーン排出量という。サプライチェーン排出量＝Scope 1排出量＋Scope 2排出量＋Scope 3排出量となる。

(1) Scope 1排出量は，事業者自らによる温室効果ガスの直接排出（燃料の燃焼，工業プロセス）をいう。工場等の熱源や自家発電のために重油，石炭，都市ガスなどを燃焼させる場合，オフィス等の暖房のために灯油，都市ガス，LPガスなどを燃焼させる場合，自社の運行する車両の燃料としてガソリン，軽油を燃焼させる場合，セメント製造や製鉄等の工業プロセスから$CO_2$が発生する場合などが該当する。したがって，(1)は適切でない。

(2) Scope 2排出量は，他社から供給された電気，熱・蒸気の使用に伴う間接排出をいう。実際に$CO_2$が発生している場所は，発電所や熱・蒸気の発生源であるが，そこから得られた電気，熱・蒸気を消費しているのは自社であるため，Scope 1排出量と合わせて，自社排出量としてカウントする。したがって，(2)は適切である。

(3) Scope 3排出量は，Scope 1，Scope 2以外の間接排出（事業者の活動に関連する他社の排出）をいう。Scope 3排出量は，15のカテゴリーに分類されている。したがって，(3)は適切である。

気候変動対策の重要性、排出量算定、削減目標に関する理解等

## ● Scope 3 排出量の分類

| | Scope3 カテゴリ | 該当する活動（例） |
|---|---|---|
| 1 | 購入した製品・サービス | 原材料の調達，パッケージングの外部委託，消耗品の調達 |
| 2 | 資本財 | 生産設備の増設（複数年にわたり建設・製造されている場合には，建設・製造が終了した最終年に計上） |
| 3 | Scope1,2 に含まれない燃料及びエネルギー活動 | 調達している燃料の上流工程（採掘，精製等）<br>調達している電力の上流工程（発電に使用する燃料の採掘，精製等） |
| 4 | 輸送，配送（上流） | 調達物流，横持物流，出荷物流（自社が荷主） |
| 5 | 事業から出る廃棄物 | 廃棄物（有価のものは除く）の自社以外での輸送，処理 |
| 6 | 出張 | 従業員の出張 |
| 7 | 雇用者の通勤 | 従業員の通勤 |
| 8 | リース資産（上流） | 自社が賃借しているリース資産の稼働（算定・報告・公表制度では，Scope1,2 に計上するため，該当なしのケースが大半） |
| 9 | 輸送，配送（下流） | 出荷輸送（自社が荷主の輸送以降），倉庫での保管，小売店での販売 |
| 10 | 販売した製品の加工 | 事業者による中間製品の加工 |
| 11 | 販売した製品の使用 | 使用者による製品の使用 |
| 12 | 販売した製品の廃棄 | 使用者による製品の廃棄時の輸送，処理 |
| 13 | リース資産（下流） | 自社が賃貸事業者として所有し，他者に賃貸しているリース資産の稼働 |
| 14 | フランチャイズ | 自社が主宰するフランチャイズの加盟者の Scope1,2 に該当する活動 |
| 15 | 投資 | 株式投資，債券投資，プロジェクトファイナンスなどの運用 |
| その他（任意） | | 従業員や消費者の日常生活 |

出典：環境省「サプライチェーン排出量算定の考え方」をもとに作成

正解　(1)

環境省が示す企業がサプライチェーン排出量を算定するメリットとして，適切でないものは次のうちどれですか。

(1) サプライチェーン排出量の全体像（総排出量，排出源ごとの排出割合）を把握することで，優先的に削減すべき対象を特定できる。

(2) サプライチェーン上の他事業者と環境活動における連携が強化し，環境負荷低減施策の選択肢が増え，$CO_2$削減が進む。

(3) サプライチェーン排出量をCSR報告書，WEBサイトなどに掲載することで，温室効果ガス排出量算定・報告・公表制度にもとづく報告・公表に代えることができる。

## 解説＆正解

　企業がサプライチェーン排出量を算定するメリットとして，環境省「サプライチェーン排出量　概要資料」（2023年3月16日リリース）では，次の3点が挙げられている。

(1) サプライチェーン排出量の全体像（総排出量，排出源ごとの排出割合）を把握することで，優先的に削減すべき対象を特定できる。その特徴から長期的な環境負荷削減戦略や事業戦略策定のヒントを導き出すこともできる。したがって，(1)は適切である。

(2) サプライチェーン上の他事業者と環境活動における連携が強化し，環境負荷低減施策の選択肢が増え，$CO_2$削減が進む。また，CSR活動の一環としてサプライチェーン排出量算定を要請する企業もあるため，新規顧客開拓へも繋がる。したがって，(2)は適切である。

(3) 企業の情報開示の一環として，サプライチェーン排出量をCSR報告書，WEBサイトなどに掲載することで，環境対応企業としての企業価値を明確にできる。しかし，温室効果ガス排出量算定・報告・公表制度にもとづく報告・公表に代えることはできない。サプライチェーン排出量の把握・管理は1つの正式な評価基準として国内外で注目を集めており，グローバルにおいても，投資家等のステークホルダーへの社会的信頼性向上に繋が

気候変動対策の重要性、排出量算定、削減目標に関する理解等

る。したがって，(3)は適切でない。

## 〔問−88〕 サプライチェーン排出量の区分

事業者自らだけでなく，事業活動に関係するサプライチェーンにおける温室効果ガスの排出を意味するサプライチェーン排出量に関する記述として，適切なものは次のうちどれですか。

(1) 自社の上流に位置する原材料やその輸送，従業員の通勤や出張などによる排出量は，Scope1に該当する。

(2) 自社における燃料の燃焼や電気の使用による排出は，Scope2に該当する。

(3) 自社の下流に位置する製品の使用や廃棄，製品の加工などによる排出は，Scope3に該当する。

### 解説＆正解

　サプライチェーン排出量とは，事業者自らの排出だけでなく，事業活動に関係するあらゆる排出を合計した排出量を指す。つまり，原材料調達・製造・物流・販売・廃棄など，一連の流れ全体から発生する温室効果ガス排出量のことをいう。

　サプライチェーン排出量は，Scope1排出量＋Scope2排出量＋Scope3排出量で算出される。

　Scope1は，事業者自らによる温室効果ガスの直接排出（燃料の燃焼，工業プロセス）をいい，Scope2は，他社から供給された電気，熱・蒸気の使用に伴う間接排出，Scope3は，Scope1，Scope2以外の間接排出（事業者の活動に関連する他社の排出）とそれぞれ定義される。

　企業（事業内容）ごとに排出状況は様々であり，必要な削減対策も異なる。そのため，サプライチェーン排出量の算定によってホットスポットを特定し，環境対策の方向性を定めることができ，効率的に削減することができることになる。

　上流における原材料や輸送・配送，通勤は，Scope1，Scope2以外の間接排出であり，Scope3に該当する。

　自社における燃料の燃焼は，事業者自らによる温室効果ガスの直接排出で

気候変動対策の重要性、排出量算定、削減目標に関する理解等

185

あり，Scope1に該当し，また，電気の使用は，他社から供給された電気，熱・蒸気の使用に伴う間接排出であるからScope2に該当する。

下流における製品の使用，製品の廃棄は，Scope1，Scope2以外の間接排出であり，Scope3に該当する。

したがって，(1)，(2)は適切でなく，(3)が適切である。

| 上　流 | 自　社 | | 下　流 |
|---|---|---|---|
| Scope3 | Scope1 | Scope2 | Scope3 |
| ①原材料　⑦通勤<br>④輸送・配送<br>＊その他：②資本財、③Scope1,2に含まれない燃料及びエネルギー関連活動、⑤廃棄物、⑥出張、⑧リース資産 | 燃料の燃焼 | 電気の使用 | ⑪製品の使用　⑫製品の廃棄<br>＊その他：⑨輸送・配送、⑩製品の加工、⑬リース資産、⑭フランチャイズ、⑮投資 |

○の数字はScope 3のカテゴリ

**正解**　(3)

186

## 〔問-89〕Scope1・2 排出量の算定

Scope1・2排出量の算定に関する説明として，適切でないものは次のうちどれですか。

(1) 自社の事務所・店舗・倉庫等における購入電力の消費に伴う $CO_2$ 排出量は，Scope 1 排出量としてカウントする。

(2) 自社の事務所・店舗・倉庫等における化石燃料の消費に伴う $CO_2$ 排出量は，Scope 1 排出量としてカウントする。

(3) 自社所有の車両における化石燃料の消費に伴う $CO_2$ 排出量は，Scope 1 排出量としてカウントする。

### 解説＆正解

(1) 自社の事務所・店舗・倉庫等における購入電力の消費に伴う $CO_2$ 排出は，自社が購入した電気・熱の使用に伴う間接排出であり，Scope 2 排出量に該当する。したがって，(1)は適切でない。

(2) 自社の事務所・店舗・倉庫等における化石燃料の消費に伴う $CO_2$ 排出は，自社での燃料の使用による直接排出であり，Scope 1 排出量に該当する。したがって，(2)は適切である。

(3) 自社所有の車両における化石燃料の消費に伴う $CO_2$ 排出は，自社での燃料の使用による直接排出であり，Scope 1 排出量に該当する。したがって，(3)は適切である。

以上，環境省「サプライチェーン排出量　概要資料」（2023年3月16日リリース）等を参考に作成。

正解 (1)

気候変動対策の重要性、排出量算定、削減目標に関する理解等

## $CO_2$排出量1トンはいくら？

　$CO_2$排出量は計算で求められるが，1トン排出したとした場合，どのくらいの費用がかかっているかは直感的には把握しづらい。

　そこで，温室効果ガス排出量の算定・報告・公表制度で使われている排出係数を用いて，簡単な計算をしてみる。

　下表のように，$CO_2$を1トン排出した場合の燃料や電気の消費量は，1,000kg÷排出係数で割り出すことができる。ガソリンの場合，1,000kg÷2.29kg-CO2/t＝437ℓ（小数点以下切上）となる。

　この消費量に購入単価を掛け算すれば，$CO_2$を1トン排出したときに消費した燃料や電気の購入金額を算出できる。ガソリンの場合，購入価格が平均160円/ℓとすれば，437ℓ×160円/ℓ＝69,920円となる。

　逆にいえば，$CO_2$排出量を1トン削減できたとすれば，この金額分だけ燃料費や電気代を削減し，利益を創出したことになる。

　このように，$CO_2$排出量1トン当たりの金額を早見表として用意しておくことで，$CO_2$削減にかける予算の検討に役立てたり，排出削減が実現したときの経済効果を容易に把握することができる。

$CO_2$ 排出量1トンを金額換算したら……

| 種別 | 排出係数 * | $CO_2$を1トン排出時の消費量<br>（小数点以下切上） | 単価<br>（設定例） | 金額 |
|---|---|---|---|---|
| ガソリン | 2.29kg-CO$_2$/ℓ | 437ℓ | 160円/ℓ | 69,920円 |
| 軽油 | 2.62kg-CO$_2$/ℓ | 382ℓ | 150円/ℓ | 57,300円 |
| 電気 | 0.429kg-CO$_2$/kWh | 2,331kWh | 25円/kWh | 58,275円 |

＊環境省ウェブサイト「温室効果ガス排出量　算定・報告・公表制度＞算定方法・排出係数一覧」より。なお，電気の排出係数は，令和6年提出用の電気事業者別排出係数一覧に記載されている代替値の数値。

## 〔問－90〕 Scope 1・2排出量の計算

年間の電力消費量100,000kWh，ガソリン消費量10,000ℓ，軽油消費量10,000ℓの事業所の$CO_2$排出量として，適切でないものは次のうちどれですか。ただし，排出係数は電力（発電事業者から購入）：0.429kg-$CO_2$/kWh，ガソリン：2.29kg-$CO_2$/ℓ，軽油：2.62kg-$CO_2$/ℓとし，他の$CO_2$排出はないものとする。

(1) Scope 1排出量は，22.9t-$CO_2$/年である。

(2) Scope 2排出量は，42.9t-$CO_2$/年である。

(3) Scope 1・2合計の排出量は，92.0t-$CO_2$/年である。

### 解説＆正解

各$CO_2$排出量の計算は、以下のとおりとなる。

① ガソリン由来の$CO_2$排出量（Scope 1）：

10,000ℓ/年 × 2.29kg-$CO_2$/ℓ = 22,900kg-$CO_2$/年 = 22.9t-$CO_2$/年

② 軽油由来の$CO_2$排出量（Scope 1）：

10,000ℓ/年 × 2.62kg-$CO_2$/ℓ = 26,200kg-$CO_2$/年 = 26.2t-$CO_2$/年

③ 電力由来の$CO_2$排出量（Scope 2）：

100,000kWh/年 × 0.429kg-$CO_2$/kWh = 42,900kg-$CO_2$/年 = 42.9t-$CO_2$/年

上記①～③から，Scope 1，Scope 2，Scope 1・2合計を計算すると，次のとおりとなる。

○Scope 1排出量（①＋②）：

22.9t-$CO_2$/年 + 26.2t-$CO_2$/年 = 49.1t-$CO_2$/年

○Scope 2排出量（③）：

42.9t-$CO_2$/年

○Scope 1・2合計の排出量：

49.1t-$CO_2$/年 + 42.9t-$CO_2$/年 = 92.0t-$CO_2$/年

したがって、(2)(3)は適切であり、(1)は適切でない。

正解 (1)

┌─〔問－91〕Scope 3排出量の算定─
│
│ Scope3排出量の算定に関する説明として，適切なものは次のうち
│ どれですか。
│
│ (1) Scope 3排出量のうち，「上流」の各カテゴリーに該当するのは，
│   原則として販売した製品やサービスに関する活動に伴うものである。
│
│ (2) Scope 3排出量のうち，「下流」の各カテゴリーに該当するのは，
│   原則として購入した製品やサービスに関する活動に伴うものである。
│
│ (3) Scope 3排出量の算定に当たっては，必ずしも全15カテゴリーに
│   ついて排出量を算定しなくてもよい。
└

**解説＆正解**

　環境省の「サプライチェーンを通じた温室効果ガス排出量算定に関する基
本ガイドライン」(ver.2.5) では，サプライチェーン排出量に関する国際的基
準であるGHGプロトコル「Scope3基準」等との整合を図るとともに，国内
の実態をふまえて環境省と経済産業省が策定した我が国のガイドラインで，
サプライチェーン排出量算定の基本的な考え方と算定方法を紹介している。
本ガイドラインにおいて，Scope 3排出量については以下のように定義され
ている。

(1) サプライチェーン排出量の算定における「上流」とは，原則として購入
　した製品やサービスに関する活動である。

　　自社への原材料・廃棄物等の入出力データ（物量データ，金額データ）
　に，資源採取段階まで遡及した排出量の原単位（以下「排出原単位」とい
　う）を乗じて算定する。主として取引単位での算定が想定される。①購入
　した製品・サービス，②資本財，③Scope1・2に含まれない 燃料及びエネ
　ルギー関連活動，④輸送，配送（上流），⑤事業から出る廃棄物，⑥出張，
　⑦雇用者の通勤，⑧リース資産（上流）の８つのカテゴリーが設定されて
　いる。したがって，(1)は適切でない。

(2) サプライチェーン排出量の算定における「下流」とは，原則として販売
　した製品やサービスに関する活動である。

製品については，製品ごとに必要に応じシナリオ等を活用し流通・使用・廃棄段階の活動量や排出原単位等に関するデータを取得し，これらを積み上げることにより算定する。⑨輸送，配送（下流），⑩販売した製品の加工，⑪販売した製品の使用，⑫販売した製品の廃棄，⑬リース資産（下流），⑭フランチャイズ，⑮投資の7つのカテゴリーが設定されている。したがって，(2)は適切でない。

(3) Scope 3排出量は，全てのカテゴリーについて排出量を算定することが望まれるが，算定の目的や排出量全体に対する影響度，データ収集等の算定の負荷等を踏まえて，算定するカテゴリーを抽出して算定することも考えられる。具体的に，一部のカテゴリーを算定対象範囲から除外する際の基準としては，以下が挙げられる。

・該当する活動がないもの
・排出量が小さくサプライチェーン排出量全体に与える影響が小さいもの
・事業者が排出や排出削減に影響力を及ぼすことが難しいもの
・排出量の算定に必要なデータの収集等が困難なもの
・自ら設定した排出量算定の目的から見て不要なもの

したがって，(3)は適切である。

●上流と下流のカテゴリー

| | 上流 | | 下流 |
|---|---|---|---|
| ① | 購入した製品・サービス | ⑨ | 輸送、配送（下流） |
| ② | 資本財 | ⑩ | 販売した製品の加工 |
| ③ | Scope 1・2に含まれない燃料及びエネルギー関連活動 | ⑪ | 販売した製品の使用 |
| ④ | 輸送、配送（上流） | ⑫ | 販売した製品の廃棄 |
| ⑤ | 事業から出る廃棄物 | ⑬ | リース資産（下流） |
| ⑥ | 出張 | ⑭ | フランチャイズ |
| ⑦ | 雇用者の通勤 | ⑮ | 投資 |
| ⑧ | リース資産（上流） | | |

正解　(3)

─── 〔問-92〕 パリ協定 ───

2015年11～12月，フランスのパリで開催された国連気候変動枠組条約第21回締約国会議（COP21）で採択された「パリ協定」について，適切でないものは次のうちどれですか。

(1) 2020年以降の温室効果ガス排出削減等のための新たな国際枠組みを定めたものである。

(2) 世界共通の長期目標として，世界的な平均気温上昇を産業革命以前に比べて2℃より十分低く保つとともに，1.5℃に抑える努力を追求することとされている。

(3) 先進国は，温室効果ガスの削減目標を5年ごとに提出・更新することとされているが，途上国にはその義務はない。

**解説&正解**

(1) 1992年に採択された国連気候変動枠組条約（UNFCCC）にもとづき，1995年より毎年，国連気候変動枠組条約締約国会議（COP）が開催され，世界での実効的な温室効果ガス排出量削減の実現に向けて議論が行われてきた。パリ協定は，2020年以降の温室効果ガス排出削減等のための新たな国際枠組みである。したがって，(1)は適切である。

(2) パリ協定の目的として，「世界的な平均気温上昇を産業革命以前に比べて2℃より十分低く保つとともに，1.5℃に抑える努力を追求すること」が掲げられている。したがって，(2)は適切である。

(3) パリ協定は，歴史上はじめて全ての国が参加する公平な合意であり，先進国だけでなく，全ての国が削減目標を5年ごとに提出・更新することとされている。したがって，(3)は適切でない。

　なお，1997年のCOP 3で採択された「京都議定書」では，先進国のみに排出削減目標が設定されていた。

## ●パリ協定の概要

| 目的 | 世界共通の長期目標として，産業革命前からの平均気温の上昇を2℃より十分下方に保持。1.5℃に抑える努力を追求。 |
|---|---|
| 目標 | 上記の目的を達するため，今世紀後半に温室効果ガスの人為的な排出と吸収のバランスを達成できるよう，排出ピークをできるだけ早期に迎え，最新の科学に従って急激に削減。 |
| 各国の目標 | 各国は，約束（削減目標）を作成・提出・維持する。削減目標の目的を達成するための国内対策をとる。削減目標は，5年毎に提出・更新し，従来より前進を示す。 |
| 長期戦略 | 全ての国が長期の低排出開発戦略を策定・提出するよう努めるべき。（COP決定で，2020年までの提出を招請） |
| グローバル・ストックテイク（世界全体での棚卸ろし） | 5年毎に全体進捗を評価するため，協定の実施を定期的に確認する。世界全体の実施状況の確認結果は，各国の行動及び支援を更新する際の情報となる。 |

出典：環境省「パリ協定の概要」

正解　（3）

気候変動対策の重要性，排出量算定，削減目標に関する理解等

─── 〔問－93〕 SBT（Science Based Targets） ───

SBT（Science Based Targets）の説明として，最も適切なもの
は次のうちどれですか。

(1) SBTは，パリ協定が求める水準と整合し，2050年を目標年とす
る長期的な温室効果ガス排出削減目標である。

(2) SBTの設定は各企業が自己責任において行い，第三者による審査
は必要とされない。

(3) SBTの対象となるのは，サプライチェーン排出量である。

**解説＆正解**

(1) SBT（Science Based Targets）は，パリ協定が求める水準と整合した，
5年〜10年先を目標年として企業が設定する，温室効果ガス排出削減目
標のことである。具体的には，世界の気温上昇を産業革命前より2℃を十
分に下回る水準（Well Below 2℃）に抑え，また1.5℃に抑えることを目
指すものである。したがって，(1)は適切でない。

(2) SBTへのコミットとは，2年以内にSBT設定を行うという宣言書（コミ
ットメントレター）をSBT事務局に提出することである。その後SBT事
務局に目標認定申請を行い，妥当性確認（有料）を受けて認定されると
SBT等のWEBサイトで公表される。SBTコミット中の企業数は世界で
1,434社（うち日本企業は38社），SBT認定取得済みの企業数は世界で1,237
社（うち日本企業は164社）である（2022年3月17日時点）。したがって，
(2)は適切でない。

(3) サプライチェーン排出量とは，事業者自らの排出だけでなく，原材料の
調達や製品の製造，物流，消費の過程など事業活動に関連する一連の流れ
から生じた排出を合計した温室効果ガス排出量をいう。SBTの対象となる
のは企業全体（親会社単体または子会社を含むグループ全体）のScope 1
・2排出量である。また，Scope 1 + 2 + 3排出量合計の40％以上に達する
場合，Scope 3排出量についても目標設定が必須となる。したがって，(3)
は適切である。

以上，環境省・みずほリサーチ＆テクノロジーズ「SBT（Science Based Targets）について」参照。

## ●SBTで求められる温室効果ガスの削減率

（年率 4.2% 以上の削減を目安として，5 年～10 年先の目標を設定）

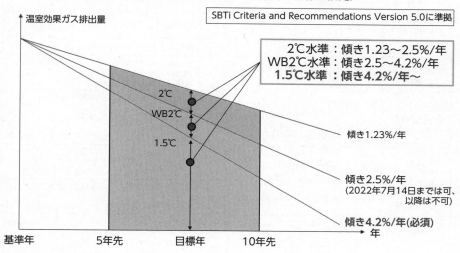

SBTi Criteria and Recommendations Version 5.0に準拠

2℃水準：傾き1.23～2.5%/年
WB2℃水準：傾き2.5～4.2%/年
1.5℃水準：傾き4.2%/年～

傾き1.23%/年

傾き2.5%/年
（2022年7月14日までは可、以降は不可）

傾き4.2%/年（必須）

## ●サプライチェーン排出量の考え方

■ 排出削減目標の設定に向け、まずは自社の温室効果ガス排出量を把握します。
■ SBTでは、**サプライチェーン排出量**（事業者自らの排出だけでなく、事業活動に関係するあらゆる排出を合計した排出量）の削減が求められます。
■ サプライチェーン排出量＝ **Scope1排出量＋Scope2排出量＋Scope3排出量**です。

### サプライチェーン排出量のイメージ

○の数字はScope3のカテゴリ

**Scope1：事業者自らによる温室効果ガスの直接排出（燃料の燃焼、工業プロセス）**
**Scope2：他社から供給された電気、熱・蒸気の使用に伴う間接排出**
**Scope3：Scope1、Scope2以外の間接排出（事業者の活動に関連する他者の排出）**

## ●中小企業向けSBT

中小企業向けには，目標年を一律2030年，Scope 1・2排出量を対象とし，認定費用が割安なガイドラインが別途設けられている。

| | 中小企業向けSBT（2024年1月1日以降） | <参考>通常SBT |
|---|---|---|
| 対象 | 下表に示す要件を満たす企業 | 特になし |
| 目標年 | 2030年 | 申請年から5年以上先、10年以内の任意年 |
| 基準年 | 2018〜2023年から選択 | 最新のデータが得られる年での設定を推奨 |
| 削減対象範囲 | Scope1,2排出量 | Scope1,2,3排出量。但し、Scope1〜3の合計の40%を超えない場合には、Scope3目標設定の必要は無し |
| 目標レベル | ■Scope1,2<br>1.5℃：少なくとも年4.2%削減<br>■Scope3<br>算定・削減（特定の基準値はなし） | 下記水準を超える削減目標を任意に設定<br>■Scope1,2<br>1.5℃：少なくとも年4.2%削減<br>■Scope3<br>Well below 2℃：少なくとも年2.5%削減 |
| 費用 | 1回USD1,250(外税) | 目標妥当性確認サービスはUSD9,500(外税)<br>（最大2回の目標評価を受けられる）<br>以降の目標再提出は、1回USD4,750(外税) |
| 承認までのプロセス | 目標提出後、デューデリジェンスが行われる | 目標提出後、事務局による審査（最大30営業日）が行われる<br>事務局からの質問が送られる場合もある |

[出所]SBT SME Target setting Form（https://docs.google.com/forms/d/e/1FAIpQLSfT5t3df23LPbtgQyYpNh6L8-Uzmrl1L7p_pb3kL6-p67IhVg/viewform）より作成

下記に示す5つの必須要件と4つの追加要件のうち2つ以上を満たす企業が、中小企業向けSBTに申し込むことができる

| | 対象となる中小企業が満たすべき要件 |
|---|---|
| 必須要件 | 下記の5項目をすべて満たさなければならない<br>1. Scope1とロケーション基準のScope2の排出量合計が10,000 tCO2e未満であること<br>2. 海運船舶を所有または支配していないこと<br>3. 再エネ以外の発電資産を所有または支配していないこと<br>4. 金融機関セクターまたは石油・ガスセクターに分類されていないこと<br>5. 親会社の事業が、通常版のSBTに該当しないこと |
| 追加要件 | 上記の必須要件5項目に加え、以下の4項目のうち2項目以上を満たさなければならない<br>1. 従業員が250人未満であること*<br>2. 売上高が5,000万ユーロ未満であること**<br>3. 総資産が2,500万ユーロ未満であること**<br>4. 森林、土地および農業（FLAG）セクターに分類されないこと |

*組織が雇用する全ての従業員数。 パートタイマーの従業員を含む
**申請を行う事業者が、 新たな要件に準拠しているかの確認を行うために、 収益と資産額を確認できる財務諸表の提出が必要

[出所] SBTi SMALL AND MEDIUM-SIZED ENTERPRISES (SMES) FAQs (https://sciencebasedtargets.org/resources/files/FAQs-for-SMEs.pdf)より作成

出典：環境省・みずほリサーチ＆テクノロジーズ「SBT（Science Based Targets）について」より作成

正解 （3）

─ 〔問－94〕 世界各国のカーボンニュートラル目標 ─

世界各国のカーボンニュートラル目標に関する記述として，適切な組合せは次のうちどれですか。

① カーボンニュートラルの実現を表明した国数は，2023年6月末時点で100ヵ国に満たない。

② EUは2050年までに温室効果ガス排出量55%削減（1990年比）の目標を達成するための政策パッケージ「Fit for 55」を推進している。

③ アメリカでは，2050年のカーボンニュートラル実現に向け，インフラ投資・雇用法を成立させた。

(1) ①は適切であるが，②，③は適切でない。

(2) ②，③は適切であるが，①は適切でない。

(3) ③は適切であるが，①，②は適切でない。

### 解説＆正解

① 気候変動枠組条約第26回締約国会議（COP26）が終了した2021年11月時点で，154ヵ国・1地域が2050年等の年限を区切ったカーボンニュートラルの実現を表明している。これらの国における $CO_2$ 排出量とGDPが世界全体に占める割合は，それぞれ79%，90%に達している。なお，日本は2020年10月に2050年カーボンニュートラルを目指すことを宣言している。したがって，①は適切でない。

② EUでは，2021年7月に2050年と2030年の温室効果ガス削減目標に関する「欧州気候法案」を欧州理事会で採択・法定化した（2050年にカーボンニュートラル，2030年までに1990年比55%削減）。これを実現するための政策パッケージ「Fit for 55」「Fit for 55 パッケージ第2段」が発表されている。したがって，②は適切でない。

③ アメリカでは，2050年のカーボンニュートラル実現に向け，電力部門の2035年脱炭素化，産業分野での電化または水素化，航空分野でのSAF（持

気候変動対策の重要性，排出量算定，削減目標に関する理解等

続可能な航空燃料）導入等の施策を進めている。2021年11月15日に成立
したインフラ投資・雇用法では，5年で5500億ドルを支出する中で，気候
変動に関しては，EVインフラ（EV充電設備, 75億ドル），電気バス等（ゼ
ロエミスクールバス，フェリーの導入支援75億ドル），電力インフラ（送
電線の建設・研究開発，革新炉実証，CCUS，クリーン水素等の実証等）等
に予算を措置するとしている。したがって，③は適切である。

以上より，③は適切であるが，①，②は適切でなく，(3)が本問の正解であ
る。

以上、資源エネルギー庁「エネルギー白書2022」を参考にして作成。

正解　(3)

　エネルギー分類に関する記述について，適切でないものは次のうちどれですか。

(1)　「一次エネルギー」とは，石油，天然ガス，石炭，薪，水力，原子力，風力，潮力，地熱，太陽光，牛糞など，自然から直接採取できるエネルギーのことをいう。

(2)　石炭や天然ガスを原料に，火力発電で得られる電力などは，「二次エネルギー」にあたる。

(3)　一次エネルギー供給量は，二次エネルギーなどに転換され使用されるが，最終エネルギー消費量は，一次エネルギー供給量とイコールの関係になる。

### 解説＆正解

　「一次エネルギー」とは，石油，天然ガス，石炭，薪，水力，原子力，風力，潮力，地熱，太陽光，牛糞など，自然から直接採取できるエネルギーのことをいい，一次エネルギーを転換・加工することで得られる電力，都市ガス，ガソリンや灯油などを「二次エネルギー」という。一次エネルギーである石炭や天然ガスを原料に，火力発電で得られる電力が二次エネルギーにあたる。水素も二次エネルギーに分類される。したがって，(1)は適切である。

　二次エネルギーはほかにも，軽油や重油などの石油製品，ＬＰガス，熱なども含まれ，最終的に消費者が使う形態に一次エネルギーが転換されたものである。そして二次エネルギーが消費されたエネルギーの総量を「最終エネルギー消費」という。したがって，(2)は適切である。

　日本に供給されている一次エネルギー供給量の総量と最終エネルギー消費量は同じではない。2021年度のデータでは，日本の一次エネルギー総供給を100とすると，最終エネルギー消費は66程度であり，約34が損失している。これは，国内に供給された石油や天然ガスなどのエネルギーが，消費者に届くまでに発生する発電や輸送中のロス，発電・転換部門（発電所や石油精製工場など）での自家消費などが原因である。「一次エネルギー供給」とは，

気候変動対策の重要性，排出量算定、削減目標に関する理解等

199

こうしたロスや自家消費を含めた全てのエネルギー量を指す一方で，最終エネルギー消費は，石油製品やＬＰガスなどの形で消費者が最終的に使うエネルギー量であるため，一次エネルギーの供給量からロスなどを差し引いたものとなっている。したがって，(3)は適切でない。

正解 (3)

## 〔問-96〕地域脱炭素ロードマップ

国・地方脱炭素実現会議が提唱した，「地域脱炭素ロードマップ」の対策・施策に関する記述として，適切な組合せは次のうちどれですか。

① 地方自治体や地元企業・金融機関が中心となり，少なくとも100ヵ所の脱炭素先行地域で，地域特性等に応じて脱炭素に向かう先行的な取組みを実行することとされている。

② 地方自治体・地域企業・市民などが主体となり，全国で重点対策（自家消費型太陽光発電，省エネ住宅，電動車など）を実行することとされている。

③ 3つの基盤的施策（(1)メカニズム構築，(2)ライフスタイルイノベーション，(3)ルールのイノベーション）を実施することとされている。

④ 2030年度目標および2050年カーボンニュートラルという野心的な目標に向けて，2020年からの5年間を集中期間として，政策を総動員して，地域脱炭素の取組みを加速することとされている。

(1) すべて適切である。
(2) ①，③は適切であるが，②，④は適切でない。
(3) ①，②，③は適切であるが，④は適切でない。

### 解説&正解

　地域脱炭素ロードマップは，地域課題を解決し，地域の魅力と質を向上させる地方創生に資する脱炭素に国全体で取り組み，さらに世界へと広げるために，特に2030年までに集中して行う取組み・施策を中心に，地域の成長戦略ともなる地域脱炭素の行程と具体策を示すものである。

　地域脱炭素ロードマップの対策・施策の全体像は，下記のとおりである。

　2030年度目標および2050年カーボンニュートラルという野心的な目標に向けて，2020年からの5年間を集中期間として，政策を総動員して，地域脱

炭素の取組みを加速することとされている。

　そのうち，取組1として，脱炭素先行地域をつくることが挙げられ，地方自治体や地元企業・金融機関が中心となり，少なくとも100ヵ所の脱炭素先行地域で，2025年度までに脱炭素に向かう地域特性等に応じた先行的な取組実施の道筋をつけ，2030年度までに実行することとされている。

　取組2として，脱炭素の基盤となる重点対策の全国実施（自家消費型太陽光発電，省エネ住宅，電動車など）2030年度目標および2050年カーボンニュートラルに向けて，自家消費型の太陽光発電，住宅・建築物の省エネ，ゼロカーボン・ドライブ等の脱炭素の基盤となる重点対策について，地方自治体・地域企業・市民など地域の関係者が主体となって，各地の創意工夫を横展開し，脱炭素先行地域を含めて，全国津々浦々で実施する。

　また，3つの基盤的施策と個別分野別の対策・施策として，脱炭素先行地域づくりと重点対策の全国実施を後押しするために，個々の分野を横断する基盤的施策として，地域の実施体制構築と国の積極支援のメカニズム構築（地域と国が一体で取り組む地域の脱炭素イノベーション），グリーン×デジタルによるライフスタイルイノベーション，社会全体を脱炭素に向けるルールのイノベーションに重点的に取り組み，あわせて，地域と暮らしの脱炭素に関わる個別分野別の対策・促進施策にも着実に取り組むこととされている。

　以上より，①～④すべて適切であり，(1)が本問の正解である。

**正解**　(1)

## 〔問－97〕 カーボンニュートラル

2020年10月，日本政府が2050年までに目指すことを宣言した「カーボンニュートラル」の説明として，適切なものは次のうちどれですか。

(1) 省エネルギー，再生可能エネルギーの導入などにより温室効果ガスの「排出量」削減を進め，将来的に「排出量」ゼロを目指す。

(2) 温室効果ガスの「排出量」と「吸収量」を均衡させ，将来的に実質的に排出量ゼロにすることを目指す。

(3) 植林，森林管理などにより温室効果ガスの「吸収量」を増大させ，将来的に「排出量」を上回ることを目指す。

### 解説＆正解

　2020年10月，日本政府は2050年までに温室効果ガスの排出を全体としてゼロにする，カーボンニュートラルを目指すことを宣言した。カーボンニュートラルとは，温室効果ガスの排出量と吸収量を均衡させることで，二酸化炭素をはじめとする温室効果ガスの「排出量」から，植林，森林管理などによる「吸収量」を差し引いて，合計を実質的にゼロにすることを意味する（環境省ウェブサイト「カーボンニュートラルとは」より）。

　したがって，(2)が「カーボンニュートラル」の説明として適切である（他に「ゼロカーボン」などの表現がある）。

　(1)の考え方には「ゼロエミッション」，(3)の考え方には「カーボンマイナス」「カーボンネガティブ」「カーボンポジティブ」などの表現がある。これらの表現に接する場合，言葉だけでなく，その内容をよく確認する必要がある。したがって，(1)，(3)は適切でない。

気候変動対策の重要性，排出量算定，削減目標に関する理解等

●カーボンニュートラル等の考え方

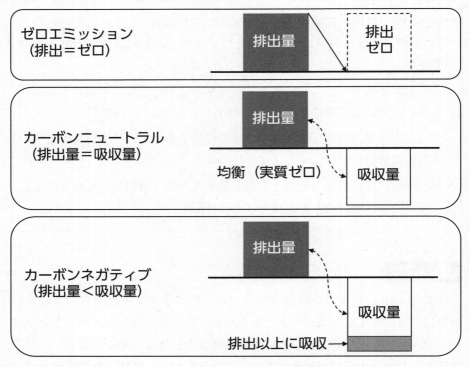

| ゼロエミッション（排出＝ゼロ） | 排出量 | 排出ゼロ |

| カーボンニュートラル（排出量＝吸収量） | 排出量 | 均衡（実質ゼロ） | 吸収量 |

| カーボンネガティブ（排出量＜吸収量） | 排出量 | 吸収量 | 排出以上に吸収 |

出典：有限会社サステイナブル・デザイン

正解　（2）

## 〔問-98〕 グリーン成長戦略

日本政府の「2050年カーボンニュートラルに伴うグリーン成長戦略」（グリーン成長戦略）の説明として，適切なものは次のうちどれですか。

(1) グリーン成長戦略は，「2050年カーボンニュートラル」を経済成長の制約やコストではなく，大きな成長の機会につなげようとする産業政策である。

(2) グリーン成長戦略実行のために，民間資金の呼び水として，政府予算により，2000億円規模のグリーンイノベーション基金が設立された。

(3) グリーン成長戦略では，14の重点分野について，2050年を見据えつつ，当面2030年までの成長戦略工程表を示している。

### 解説＆正解

(1) 2020年12月，経済産業省は関係省庁と連携し，「2050年カーボンニュートラルに伴うグリーン成長戦略」（グリーン成長戦略）を策定した。同年10月の「2050年カーボンニュートラル」宣言を受けたものである。グリーン成長戦略では，「温暖化への対応を，経済成長の制約やコストとする時代は終わり，国際的にも，成長の機会と捉える時代に突入」したとして，「従来の発想を転換し，積極的に対策を行うことが，産業構造や社会経済の変革をもたらし，次なる大きな成長に繋がっていく」との考え方を示した。こうした「経済と環境の好循環」をつくっていく産業政策がグリーン成長戦略である。したがって，(1)は適切である。

(2) グリーン成長戦略の民間資金の呼び水として，政府予算2兆円によりグリーンイノベーション基金が創設された。同基金により，「約15兆円の民間企業の研究開発・設備投資を誘発し，野心的なイノベーションへ向かわせる。世界のESG資金約 3,000 兆円も呼び込み，日本の将来の食い扶持（所得・雇用）の創出につなげる」としている（「2050 年カーボンニュートラルに伴うグリーン成長戦略（令和 3 年 6 月 18 日）」より）。経済産業省に

よる「グリーンイノベーション基金事業の基本方針（令和5年2月）」によると，基金のアウトカム目標は，①2050年までのカーボンニュートラル，②2050年時点の経済波及効果（売上高の増加分または設備投資額）：190兆円である。したがって，(2)は適切でない。

(3) グリーン成長戦略では，洋上風力，水素，自動車・蓄電池，資源循環等の14の重点分野について，2050年までの成長戦略工程表を示している。したがって，(3)は適切でない。

●グリーン成長戦略における14の重要分野

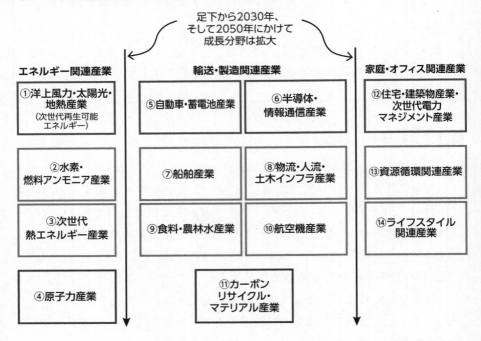

出典：経済産業省「2050年カーボンニュートラルに伴うグリーン成長戦略（令和3年6月18日）」（概要資料）

正解 (1)

―〔問－99〕脱炭素化支援策―

　脱炭素化支援策に関する説明として，適切でないものは次のうちどれですか。

(1)　環境省では，エネルギー対策特別会計（エネ特）等を活用した脱炭素事業の補助・委託事業を実施している。

(2)　中小企業庁予算による中小企業の脱炭素支援策が，カーボンニュートラル・アクションプランとしてまとめられている。

(3)　経済産業省が運営する中小企業向け補助金・総合支援サイト「ミラサポ plus」で，国・地方公共団体の脱炭素関連支援策を調べることができる。

## 解説＆正解

(1)　エネルギー対策特別会計（エネ特）は，石油石炭税や電源開発促進税を財源とし，主に４つの目的・使途がある（エネルギー需要構造高度化対策／燃料安定供給対策／電源立地対策／電源利用対策）。環境省では，このうちエネルギー需要構造高度化対策として，省エネルギー対策の推進や再生可能エネルギーの開発・利用促進を支援している（太陽光パネルなどの再エネ・省エネ設備導入補助や自立・分散型エネルギー設備の導入支援など）。エネ特以外の脱炭素化支援事業も含め，個別の支援制度の説明資料やガイドブックは，脱炭素化事業支援情報サイト（エネ特ポータル）にまとめられている。したがって，(1)は適切である。

(2)　経済産業省は，中小企業団体や金融機関等の支援機関が，2050年カーボンニュートラルに向けて会員企業等の脱炭素化と持続的な成長を支援する取組みを「カーボンニュートラル・アクションプラン」としてとりまとめている。2023年4月25日時点で，金融機関，商工会・商工会議所，士業・民間コンサル，その他の支援機関等による142件の支援策が掲載されている。したがって，(2)は適切でない。

(3)　選択肢のとおりである。ただし，検索ワードについては，「脱炭素」「カーボンニュートラル」といった目的そのものだけでなく，取組内容に即し

て，「省エネルギー」「再生可能エネルギー」「電池」等々，工夫する必要がある。したがって，(3)は適切である。

以上，環境省ウェブサイト「脱炭素化事業支援情報サイト（エネ特ポータル）」，経済産業省ウェブサイト「中小企業支援機関によるカーボンニュートラル・アクションプラン」，「ミラサポplus」を参考にして作成。

正解　(2)

## 〔問－100〕 インターナル・カーボンプライシング (ICP)

インターナル・カーボンプライシング (ICP) に関する記述として，適切なものは次のうちどれですか。

(1) ICPとは，国の算定基準に従って，企業内でGHG排出量に価格をつけ，投資判断などに活用するものである。

(2) ICPの価格設定のうち，外部価格の活用（排出権価格等）は，価格決定難易度は低いが，温暖化対策の実効性も小さい。

(3) 企業内のGHG排出量に対する価格となるため，対象とするGHG Scope等はScope2のみとなる。

### 解説＆正解

(1) ICPとは，低炭素投資・対策推進に向け，企業内部で独自に設定，使用する炭素価格である。企業内部で見積もる炭素の価格であり，企業の低炭素投資・対策を推進する仕組みであるとともに，気候変動関連目標（SBT/RE100）に紐づく企業の計画策定に用いる手法であり，省エネ推進へのインセンティブ，収益機会とリスクの特定，あるいは投資意思決定の指針等として活用される。したがって，(1)は適切でない。

(2) ICPの価格設定の方法には，①外部価格の活用（排出権価格等），②同業他社価格のベンチマーク，③低炭素投資を促す価格に向けた社内協議，④ $CO_2$削減目標による数理的な分析があり，価格決定難易度は①が一番低く，②，③，④の順に高くなるが，温暖化対策の実効性としては，①が一番小さく，②，③，④の順に大きくなる。したがって，(2)は適切である。

(3) また，ICP適用の対象範囲とするGHG Scopeの設定は企業により異なり，Scope1は約80％，Scope2も約80％，Scope3は約10％の企業が設定している（中央環境審議会地球環境部会カーボンプライシングの活用に関する小委員会（第14回）（2021年4月2日開催）資料3「インターナル・カーボンプライシングについて」14頁に記載された，ICPの対象とするGHG Scopeの割合（CDP質問書回答日本企業120社）参照）。したがって(3)は適切でない。

正解　(2)

## 〔問－101〕 脱炭素化支援機構

脱炭素化支援機構に関する説明として，適切でないものは次のうちどれですか。

(1) 脱炭素化支援機構は，国の財政投融資からの出資と民間からの出資を活用して，脱炭素に資する事業に対する資金供給を行う公益法人である。

(2) 脱炭素化支援機構の支援対象は，温室効果ガスの排出量の削減や吸収量の増大を行う事業（これらの事業活動を支援する事業活動を含む）である。

(3) 支援対象事業の資金調達においては，脱炭素化支援機構からの出資額以上の出資を民間事業者等から得ることが求められる。

### 解説＆正解

(1) 脱炭素化支援機構は，国の財政投融資からの出資と民間からの出資からなる資本金を活用して，脱炭素に資する多種多様な事業に対する資金供給（ファンド事業）などの活動を行う株式会社である。地球温暖化対策推進法にもとづいて，2022年10月に，出資金204億円（国102億円，民間82社102億円（金融機関57社・事業会社25社））で設立された。したがって，(1)は適切でない。

(2) 脱炭素化支援機構の支援対象としては，次の3パターンが想定されている。

　　①自社の温室効果ガスの排出量の削減や吸収量の増大を行う事業活動
　　②他社の温室効果ガスの排出量の削減や吸収量の増大に寄与する事業活動
　　③これらの事業活動を支援する事業活動（投資家から資金を集め，①・②に対して資金供給を行う）

　　したがって，(2)は適切である。

(3) 選択肢のとおりである。したがって，(3)は適切である。

## ●脱炭素化支援機構による資金供給のイメージ

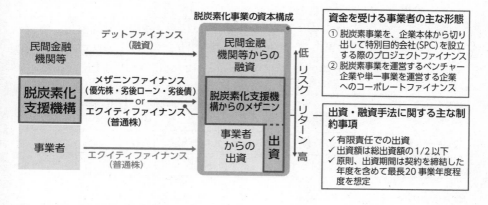

脱炭素事業の資本構成

**資金を受ける事業者の主な形態**
① 脱炭素事業を、企業本体から切り出して特別目的会社(SPC)を設立する際のプロジェクトファイナンス
② 脱炭素事業を運営するベンチャー企業や単一事業を運営する企業へのコーポレートファイナンス

**出資・融資手法に関する主な制約事項**
✓ 有限責任での出資
✓ 出資額は総出資額の1/2以下
✓ 原則、出資期間は契約を締結した年度を含めて最長20事業年度程度を想定

## ●脱炭素化支援機構の支援対象（直接投資）となる事業領域（例）

### ■エネルギー転換部門

| 分類 | 例 |
|---|---|
| 燃料 | 水素，アンモニア，メタン，SAF，e-fuel，ブラックペレット |
| 発電（再エネ） | 太陽光，風力，バイオマス，地熱，水力，廃棄物 |
| 発電（再エネ以外） | トランジション（火力発電のバイオマス・アンモニア等の混焼，燃料電池等），エナジーハーベスト |
| 蓄エネ・熱利用 | 蓄電池，CAES，地中熱，熱供給，未利用熱利用 |
| 送配電 | スマートグリッド，慣性力確保，HVDC |

### ■ものづくり・産業

| 分類 | 例 |
|---|---|
| 素材・原材料 | 新素材，バイオ素材，省エネ建材 |
| 産業プロセス | 製鉄，化学，セメント，製紙，ガラス |
| 機器製造・デバイス製造 | 再エネ・省エネ・蓄エネ機器製造，ノンフロン機器，パワーデバイス，IoTデバイス |
| 建物・施設 | ZEB／ZEH，業務施設（オフィス・物流施設等）の省エネ |
| 農業・林業・水産業 | スーパー植物，垂直農法，オルタナティブフード，森林整備，養殖 |

■サービス・運用・データ

| 分類 | 例 |
|---|---|
| 運輸・モビリティ | EV（陸・海・空），鉄道，MaaS，空港・港湾整備，物流効率化，コールドチェーン構築 |
| エネルギーマネジメント | 省エネ・蓄エネ，ERAB，DR，VPP，DER，HEMS・BEMS・FEMS・CEMS |
| データ・DX | AI，デジタルツイン，行動変容勧奨，GHG排出量算定・可視化 |
| 金融・保険 | 脱炭素関連フィンテックサービス |
| 排出権・クレジット | クレジット取引，認証・検証 |

■資源循環・レジリエンス向上

| 分類 | 例 |
|---|---|
| リユース・リサイクル・アップサイクル | PV・バッテリー等のリサイクル，ボトル to ボトル，サステナブルファッション，食品ロス対策 |
| レジリエンス向上 | 水ストレス対応，Eco-DRR，オフグリッド，マイクログリッド |

■吸収量増大・炭素回収利用貯留

| 分類 | 例 |
|---|---|
| 吸収源対策 | 森林，海洋（ブルーカーボン），農地（土壌改良） |
| 炭素回収・利用・貯留 | CCS，BECCS，CCU，DAC |

■その他


　以上，環境省 脱炭素ポータル「脱炭素化支援機構が設立されました」（2021年12月24日），株式会社脱炭素化支援機構「スキーム」，「株式会社脱炭素化支援機構の投資規程及び投資判断に必要な情報項目について」を参考にして作成。

正解　(1)

## 〔問－102〕 FIP制度

FIP（Feed-in Premium）制度に関する記述として，適切な組合せは次のうちどれですか。

①　FIP制度は，再生可能エネルギーで発電した電気を，電力会社がプレミアムを含む固定の価格で買い取ることを国が約束する制度である。

②　FIT制度では，買取りの対象は太陽光発電による電気のみであったが，FIP制度では太陽光発電のほか風力や地熱により発電された電力も買取りの対象となっている。

③　FIP制度においては，基準価格（FIP価格）との参照価格（市場価格に連動）の差が，再エネ発電事業者が受け取るプレミアムの額となる。

④　FIP制度では，再エネ電源の投資インセンティブを確保しつつ，市場統合を促しながら，電力市場全体のシステムコストの低減を図ることができると考えられる。

(1)　①，②は適切でなく，③，④は適切である。

(2)　①，③は適切であるが，②，④は適切でない。

(3)　①，④は適切であるが，②，③は適切でない。

### 解説＆正解

　FIT制度（固定価格買取制度）は，再生可能エネルギー（太陽光発電，風力発電，水力発電，地熱発電，バイオマス発電）で発電した電気を，電力会社が一定価格（調達価格）で一定期間買い取ることを国が約束する制度であり，電力会社が買い取る費用の一部を電気利用者から再エネ賦課金（再生可能エネルギー発電促進賦課金）という形で集める制度である。国が定める要件を満たす事業計画を策定し，その計画に基づいて新たに発電を始められる者が対象で，住宅用の太陽光など一部を除き，発電した電気は全量が買取対象になる。なお，再エネ賦課金の単価は，全国一律の単価となるように国に

よって調整されている。したがって，②は適切でない。

　ＦＩＴ制度は，電気の使用者のニーズや競争によって価格が決まる電力市場からは切り離された制度であり，再エネ発電事業者はいつ発電しても同じ金額で買い取ってもらえるため，電気の需要と供給のバランスを意識する必要はなかったが，需要と供給のバランスなど電力市場の状況を踏まえた発電を行い自立した電源にしていく等の要請からＦＩＰ制度が導入された。

　ＦＩＰ制度においては，再エネ電気が効率的に供給される場合に必要な費用の見込み額をベースに設定される基準価格（ＦＩＰ価格）があらかじめ定められ，併せて参照価格も定められる。参照価格とは，市場取引などによって発電事業者が期待できる収入分のことで，市場価格に連動している。したがって，①は適切でない。

　この「基準価格」と「参照価格」の差を，「プレミアム」として再エネ発電事業者が受け取ることになる。つまり，再エネ発電事業者は，電気を売った価格にプレミアムが上乗せされた合計分を収入として受け取ることになる。したがって，③は適切である。

　こうすることにより，再エネへ投資するインセンティブが確保されるとともに，電力の需要と供給のバランスに応じて変動する市場価格を意識しながら発電しより収益を拡大できる，電力市場全体のシステムコストの低減を図ることができるなどのメリットが発生するものと考えられる。したがって，④は適切である。

　以上より，①，②は適切でなく，③，④が適切であり，(1)が本問の正解である。

正解　　(1)

CN投資促進税制（カーボンニュートラルに向けた投資促進税制）に関する説明として，適切でないものは次のうちどれですか。

(1) 産業競争力強化法の計画認定制度に基づき，脱炭素化に関して一定の要件を満たす設備の導入に対し，最大10％の税額控除または50％の特別償却の適用を受けることができる。

(2) 大きな脱炭素化効果を持つ製品（需要開拓商品）の購入が対象になる。

(3) 生産工程等の脱炭素化と付加価値向上を両立する設備（生産工程効率化等設備）の導入が対象になる。

### 解説＆正解

(1) 選択肢のとおりである。したがって，(1)は適切である。

(2) CN投資促進税制の対象となる設備は２種類ある。１つ目は，大きな脱炭素効果を持つ製品（需要開拓商品）を生産する設備の導入である。エネルギーの利用による環境への負荷の低減効果が大きく，新たな需要の拡大に寄与することが見込まれる５種類の製品の生産に専ら使用される設備が対象となる。したがって，(2)は適切でない。

(3) ２つ目は，生産工程等の脱炭素化と付加価値向上を両立する設備導入である。具体的には，①事業所等の炭素生産性（付加価値額／エネルギー起源$CO_2$排出量）を相当程度向上させる計画を立案し，②その達成に必要となる設備（機械装置，器具備品，建物附属設備，構築物）が対象となる。①の計画の要件は，３年以内に７％または10％以上の炭素生産性の向上，②の設備の要件は，設備導入前後の事業所の炭素生産性を１％以上向上させる設備（生産工程効率化等設備）であることである。したがって，(3)は適切である。

## ●大きな脱炭素化効果を持つ5種類の製品

| 製品 | 対象 |
|---|---|
| 化合物パワー半導体 | 電力の制御もしくは電気信号の整流を行う化合物半導体素子または当該素子の製造に用いられる化合物半導体基板 |
| EV または PHEV 向けリチウムイオン蓄電池 | 電気自動車またはプラグインハイブリッド自動車を構成するリチウムイオン蓄電池 |
| 定置用リチウムイオン蓄電池 | 7,300 回の充放電後に定格容量の 60％以上の放電容量を有するもの |
| 燃料電池 | 定格運転時における低位発熱量基準の発電効率が 50％以上であるものもしくは総合エネルギー効率が 97％以上であるものまたは水素のみを燃料とするもの |
| 洋上風力発電設備の主要専門部品 | 洋上風力発電設備（一基当たりの定格出力が 9MW 以上であるものに限る）を構成する商品：ナセル，発電機，増速機，軸受，タワー，基礎 |

## ●炭素生産性の計算方法

炭素生産性＝付加価値額÷エネルギー起源 $CO_2$ 排出量

（付加価値額＝営業利益＋人件費＋減価償却費）

出典：経済産業省「エネルギー利用環境負荷低減事業適応計画（カーボンニュートラルに向けた投資促進税制）の申請方法・審査のポイント」（2022 年 4 月）をもとに作成

正解 (2)

## 〔問−104〕CN利子補給制度

カーボンニュートラル実現に向けたトランジション推進のための金融支援制度（CN利子補給制度）に関する説明として，適切でないものは次のうちどれですか。

(1) CO$_2$削減の取組み（トランジション）を進める計画の認定を受けた事業者への貸付けを対象とする，成果連動型の利子補給制度である。

(2) 計画認定を受けた事業者は，最大0.2％幅までの利下げを受けられる。

(3) 利下げは，計画認定を受けた事業者に対する直接の利子補給によって実施される。

### 解説＆正解

(1) CN利子補給制度は，2050年のカーボンニュートラル実現に向けて着実なCO$_2$削減の取組み（トランジション）を進める10年以上の計画を策定し，産業競争力強化法における事業適応計画として認定を受けた事業者への貸付けを対象とする，成果連動型の利子補給制度である。したがって，(1)は適切である。

(2) 利子補給制度は，計画認定を受けた事業者に対して，0.1％幅の利下げを実施し（最初の期中の目標まで），その上で，計画期間において，あらかじめマイルストーンとして定める期中の目標を達成できた場合には，最大0.2％幅までの利下げを行う制度である。期中の目標が未達成の場合は利下げは行われず通常金利に戻る。したがって，(2)は適切である。

(3) 利下げ原資として，日本政策金融公庫を通じ，あらかじめ国が指定する金融機関（指定金融機関）に対する利子補給が行われる。指定の対象となる金融機関は，銀行，信用金庫，信用協同組合，生命保険会社など，産業競争力強化法施行令第9条で定められている金融機関である。したがって，(3)は適切でない。

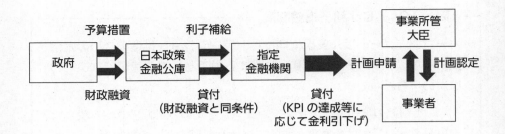

　以上，経済産業省ウェブサイト「カーボンニュートラル実現に向けたトランジション推進のための金融支援制度（利子補給事業等）」を参考にして作成。

**正解**　　(3)

## 〔問－105〕中小企業向けの補助金

中小企業向けの補助金に関する記述として，適切な組合せは次のうちどれですか。

① 事業再構築補助金における成長分野進出枠（ＧＸ進出類型）の対象となる事業者の要件のひとつとして，グリーン成長戦略「実行計画」14分野の課題の解決に資する取組みを行う，というものがある。

② ＩＴ導入補助金は，太陽光発電の制御など経済産業省が認めたエコシステムの導入に係る費用に対する補助金である。

③ ものづくり・商業・サービス生産性向上促進補助金においては，類型ごとの支援のほか，大幅賃上げに係る補助上限額引き上げ特例が拡充されており，持続的な賃上げの実現を目指している。

④ 地域脱炭素融資促進利子補給制度における利子補給の対象は，地域脱炭素に資するＥＳＧ融資に限られる。

(1) ①，②，③は適切であるが，④は適切でない。
(2) ①，③，④は適切であるが，②は適切でない。
(3) ②，③は適切であるが，①，④は適切でない。

**解説＆正解**

事業再構築補助金とは，新分野展開，事業転換，業種転換，業態転換，または事業再編といった事業再構築に意欲を有する中小企業等の挑戦を支援する制度である。

令和６年４月の事業再構築補助金　第12回公募より，ポストコロナに対応した事業再構築をこれから行う事業者を支援する成長分野進出枠，今なおコロナの影響を受ける事業者を支援するコロナ回復加速化枠，ポストコロナに対応した事業再構築をこれから行う事業者を支援するサプライチェーン強靱化枠の３つの類型となった。

成長分野進出枠（ＧＸ進出類型）の対象となる事業者は，必須要件に加え，

以下の要件をいずれも満たす必要がある。

（ⅰ）　事業終了後3〜5年で給与支給総額を年平均成長率2％以上増加させること

（ⅱ）　取り組む事業が，グリーン成長戦略「実行計画」14分野に掲げられた課題の解決に資する取組みとして記載があるものに該当すること

したがって，①は適切である。

ＩＴ導入補助金は，中小企業・小規模事業者等の労働生産性の向上を目的として，業務効率化やＤＸ等に向けたＩＴツール（ソフトウェア，サービス等）の導入を支援する補助金であり，対象となるＩＴツール（ソフトウェア，サービス等）は事前に事務局の審査を受け，補助金ＨＰに公開（登録）されているものとなる。　したがって，②は適切でない。

ものづくり・商業・サービス生産性向上促進補助金は，雇用の多くを占める中小企業の生産性向上，持続的な賃上げに向けて，革新的な製品・サービスの開発や生産プロセス等の省力化に必要な設備投資等を支援するものであり，支援類型に「省力化（オーダーメイド）枠」のほか「製品・サービス高付加価値化枠」，「グローバル枠」がある。また，類型ごとの支援のほか，大幅賃上げに係る補助上限額引き上げ特例が拡充されており，持続的な賃上げの実現を目指している。したがって，③は適切である。

地域脱炭素融資促進利子補給制度は，再エネ・省エネ設備投資に向けた脱炭素融資の利息の最大1％を補給する制度である。利子補給の対象は，地域脱炭素に資するＥＳＧ融資に限られる。したがって，④は適切である。

以上より，①，③，④は適切であるが，②は適切でなく，(2)が本問の正解である。

正解　　(2)

─ 〔問－106〕 部門別の $CO_2$ 排出量 ─

環境省が公表している2021年度の部門別の $CO_2$ 排出量に関する説明として，適切なものは次のうちどれですか。

(1) 日本全体の $CO_2$ 排出量の8割が，化石燃料の燃焼によって排出されるエネルギー起源である。

(2) 工場等の産業部門からの $CO_2$ 排出量は減少傾向にあるものの，日本全体の排出量に占める比率は現在も4割以上である。

(3) 商業・サービス・事業所等の業務その他部門からの $CO_2$ 排出量は増加傾向にあり，日本全体の排出量に占める比率も高まっている。

### 解説＆正解

(1) エネルギー起源の $CO_2$ 排出量は，1990年度の1,068百万トンから2022年度の964百万トンまで減少したが，日本全体の排出量に占める比率は依然として90％以上である。したがって，(1)は適切でない。

(2) 工場等の産業部門からの $CO_2$ 排出量は，1990年度の503百万トンから2022年度の352百万トンまで減少し，日本全体の排出量に占める比率も43.3％から34.0％まで低下した。したがって，(2)は適切でない。

(3) 業務その他部門からの $CO_2$ 排出量は，1990年度の131百万トンから2022年度の179百万トンまで増加し，日本全体の排出量に占める比率も11.3％から17.3％へ大きく増加した。その結果，業務その他部門の排出量は，1990年度には産業部門排出量の約1/4に過ぎなかったが，2022年度には半分以上に達している。したがって，(3)は適切である。

## ●CO₂ の部門別排出量（電気・熱配分後）の推移

| | 1990年度 排出量 (シェア) | 2013年度 排出量 (シェア) | 2021年度 排出量 (シェア) | 2022年度 排出量 (シェア) | 2022年度 変化量《変化率》 2013年度比 | 2022年度 変化量《変化率》 2021年度比 |
|---|---|---|---|---|---|---|
| 合計 | 1,163 (100%) | 1,318 (100%) | 1,064 (100%) | 1,037 (100%) | -280.9 《-21.3%》 | -27.0 《-2.5%》 |
| エネルギー起源 | 1,068 (91.8%) | 1,235 (93.8%) | 987 (92.8%) | 964 (93.0%) | -271.3 《-22.0%》 | -23.0 《-2.3%》 |
| 産業部門 (工場等) | 505 (43.4%) | 463 (35.2%) | 372 (35.0%) | 352 (34.0%) | -111.0 《-24.0%》 | -19.7 《-5.3%》 |
| 運輸部門 (自動車等) | 208 (17.9%) | 224 (17.0%) | 185 (17.4%) | 192 (18.5%) | -32.4 《-14.5%》 | +7.2 《+3.9%》 |
| 業務その他部門 (商業・サービス・事業所等) | 131 (11.3%) | 235 (17.8%) | 187 (17.6%) | 179 (17.3%) | -55.3 《-23.6%》 | -7.9 《-4.2%》 |
| 家庭部門 | 126 (10.8%) | 209 (15.9%) | 160 (15.1%) | 158 (15.3%) | -51.4 《-24.5%》 | -2.2 《-1.4%》 |
| エネルギー転換部門 | 96.6 (8.3%) | 104 (7.9%) | 82.9 (7.8%) | 82.4 (8.0%) | - | - |
| 発電所・製油所等 | 96.2 (8.3%) | 106 (8.1%) | 87.6 (8.2%) | 84.9 (8.2%) | -21.3 《-20.1%》 | -2.8 《-3.2%》 |
| 電気熱配分統計誤差 | +0.4 (0.0%) | -2.6 (-0.2%) | -4.7 (-0.4%) | -2.5 (-0.2%) | - | - |
| 非エネルギー起源 | 95.3 (8.2%) | 82.2 (6.2%) | 76.6 (7.2%) | 72.6 (7.0%) | -9.6 《-11.7%》 | -4.0 《-5.2%》 |
| 工業プロセス及び製品の使用 | 65.2 (5.6%) | 49.3 (3.7%) | 43.7 (4.1%) | 40.9 (3.9%) | -8.4 《-17.0%》 | -2.8 《-6.5%》 |
| 廃棄物（焼却等） | 23.7 (2.0%) | 29.9 (2.3%) | 30.6 (2.9%) | 29.6 (2.9%) | -0.31 《-1.0%》 | -1.0 《-3.4%》 |
| その他（間接CO₂等） | 6.4 (0.5%) | 3.1 (0.2%) | 2.3 (0.2%) | 2.1 (0.2%) | -0.91 《-29.8%》 | -0.11 《-5.0%》 |

（注）　排出量"0.0"は5万トン未満、シェア"0.0"は0.05%未満　　　　　　　　　　　（単位：百万トン）

出典：環境省「2022年度我が国の温室効果ガス排出・吸収量について」をもとに作成

正解　（3）

## 〔問-107〕 炭素生産性

炭素生産性に関する説明として，適切でないものは次のうちどれですか。

(1) 国ごとの炭素生産性は，温室効果ガス排出量当たりのGDPで表される。

(2) ものづくり補助金グリーン枠等の脱炭素支援策において，企業の炭素生産性は，温室効果ガス排出量当たりの売上高で算出される。

(3) 炭素生産性は，算出された数値が大きいほど低炭素の度合いが高いといえる。

### 解説＆正解

(1) 選択肢のとおりである。1995年時点では，我が国の炭素生産性は，OECD全体で，スイスに次いで2位の世界最高水準であったが，2000年頃から国別の順位が低下し，現在は世界のトップレベルとは言えない状況となってきている。したがって，(1)は適切である。

(2) ものづくり補助金グリーン枠，カーボンニュートラルに向けた投資促進税制，日本政策金融公庫GX推進計画書等において，企業の炭素生産性は，付加価値額（付加価値額＝営業利益＋人件費＋減価償却費）当たりのエネルギー起源$CO_2$排出量で算出することとなっている。したがって，(2)は適切でない。

(3) 選択肢のとおりである。したがって，(3)は適切である。

　以上、環境省「2030年目標に向けた検討」（2021年3月24日）、「ものづくり・商業・サービス生産性向上促進補助金」第15次締切分公募要領様式3、経済産業省「エネルギー利用環境負荷低減事業適応計画（カーボンニュートラルに向けた投資促進税制）の申請方法・審査のポイント」（2022年4月）、日本政策金融公庫ウェブサイト各種書式ダウンロード国民生活事業「二酸化炭素排出量集計表」を参考にして作成。

●炭素生産性（当該年為替名目GDPベース）

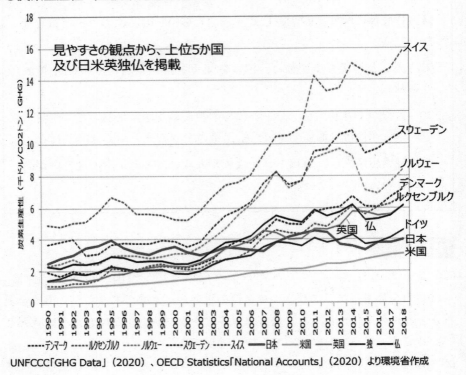

縦軸: 炭素生産性（千ドル/CO2トン：GHG）

見やすさの観点から、上位5か国
及び日米英独仏を掲載

スイス
スウェーデン
ノルウェー
デンマーク
ルクセンブルク
仏
英国
ドイツ
日本
米国

------デンマーク ------ルクセンブルク ------ノルウェー ------スウェーデン ------スイス ——日本 ——米国 ——英国 ——独 ——仏

UNFCCC「GHG Data」（2020）、OECD Statistics「National Accounts」（2020）より環境省作成

出典：環境省「2030年目標に向けた検討」（2021年3月24日）

正解　（2）

224

## 〔問-108〕 金融機関における気候変動への対応についての基本的な考え方

金融庁の「金融機関における気候変動への対応についての基本的な考え方（2022年7月）」における，金融機関の気候変動に関連する機会およびリスクへの対応に関する記述として，適切でないものは次のうちどれですか。

(1) 金融機関は，本業支援の一環として，産官学金の連携も通じたコンサルティング機能の発揮や成長資金等の提供といった取組みを通じて，顧客企業の気候変動対応を支援することが重要である，とされている。

(2) 金融機関に関するリスクは，信用リスク，市場リスク，流動性リスク，オペレーショナルリスク等に分類されていたが，近年新たに気候関連リスクが新たなリスクカテゴリーに追加されることとなった。

(3) 金融機関は，積極的に顧客企業の気候変動対応の支援を進めることが重要であるが，その具体的な進め方については，各金融機関の自主的な経営判断に基づき実施されるべきものである，とされている。

### 解説＆正解

「金融機関における気候変動への対応についての基本的な考え方」は，金融機関における気候変動への対応についての金融庁の基本的な考え方をディスカッション・ペーパーとして整理したものであり，2021年6月に公表されたサステナブルファイナンス有識者会議報告書（持続可能な社会を支える金融システムの構築）において提言された，「金融庁の監督上の目線を盛り込んだガイダンス」にあたるものである。

気候変動への対応については，顧客企業・産業の脱炭素化に向けた支援といった金融仲介機能の発揮に関する面と，金融機関自身のリスク管理に関する面の両面が存在し，金融庁の検査・監督の幅広い分野に関連するものである。この点，同文書は，既に示されている健全性政策や融資に関する検査・

気候変動対策の重要性、排出量算定、削減目標に関する理解等

225

監督の実務に関するディスカッション・ペーパーの考え方を踏まえつつ，特に金融機関の気候変動への対応についての検査・監督の考え方・進め方を示したものとなっている。

　そのうち，金融機関の気候変動対応についての考え方・対話の着眼点の項目に，気候変動に関連する機会およびリスクへの対応について書かれており，以下のような記載がある。

(1)　金融機関は，本業支援の一環として，自身の持続可能な経営の確保という観点から，産官学金の連携も通じたコンサルティング機能の発揮や成長資金等の提供といった取組みを通じて，顧客企業の気候変動対応を支援することが重要である，とされている。したがって，(1)は適切である。

(3)　そして，金融機関は，積極的に顧客企業の気候変動対応の支援を進めることが重要であるが，その具体的な進め方については，自らの規模・特性に加え，気候変動に関連する様々な変化の状況・見通しや顧客企業の業種・業態や経営戦略・方針等を踏まえ，各金融機関の自主的な経営判断に基づき実施されるべきものである，とされる。したがって，(3)は適切である。

(2)　また，金融機関に関するリスクは，一般的に，信用リスク，市場リスク，流動性リスク，オペレーショナルリスク等に分類される。気候関連リスクは，これらに新たなリスクカテゴリーを追加するものではなく，気候変動に関連する変化を発端として，これまで述べたような様々な経路により，各リスクカテゴリーのリスクを増減させる「リスクドライバー」であると位置付けられる，とされている。したがって，(2)は適切でない。

正解　(2)

## 〔問－109〕 気候変動問題への銀行界の取組み

気候変動問題への銀行界の取組みに関する説明として，適切なものは次のうちどれですか。

(1) 「カーボンニュートラルの実現に向けた全銀協イニシアティブ」は，金融機関自身のカーボンニュートラルの実現に向けた取り組み方針を示したものである。

(2) 「気候変動問題への銀行界の取組みについて－産業界と一体となった脱炭素化の実現に向けて－」は，顧客企業と銀行の円滑な対話（エンゲージメント）に資する環境を整備することを目的に作成された。

(3) エンゲージメントの目的は，顧客企業が銀行から資金調達を行った後の移行計画の進捗状況を確認することである。

### 解説＆正解

(1) 一般社団法人全国銀行協会（全銀協）は，2021年12月，「カーボンニュートラルの実現に向けた全銀協イニシアティブ」を策定した。同イニシアティブは，銀行界として，社会経済全体の2050年カーボンニュートラル／ネットゼロへの「公正な移行（Just Transition）」を支え，実現するための全銀協の取組方針を示したものである。「同イニシアティブ2024」では，当面の重点的取組分野として，①エンゲージメントの充実・円滑化，②評価軸・基準の整理，③サステナブル・ファイナンスのすそ野拡大，④開示の充実，⑤気候変動リスクへの対応の5分野が示されている。したがって，(1)は適切でない。

(2) 「気候変動問題への銀行界の取組みについて－産業界と一体となった脱炭素化の実現に向けて－」は，顧客企業と銀行の円滑な対話（エンゲージメント）に資する環境を整備することを目的に全銀協がまとめた資料（2022年6月）で，金融機関を取り巻く状況や銀行界の気候変動問題への取組みのほか，顧客企業が気候変動対応の取組みを進めるに当たり，参考となる対応やガイダンス等を整理し，紹介している。したがって，(2)は適切であ

る。

(3) 企業を取り巻く環境変化も踏まえ，企業と銀行双方が密な連携・協力を行いながら，気候変動対応を進めることが必要であり，銀行には，エンゲージメントを通じ，顧客企業の状況やニーズに応じたソリューション（各種支援やファイナンス等）を提案することにより，企業の気候変動対応をサポートすることが期待される。したがって，(3)は適切でない。

　　以上、全銀協「カーボンニュートラルの実現に向けた全銀協イニシアティブ」概要（2021年12月26日）、「気候変動問題への銀行界の取組みについて－産業界と一体となった脱炭素化の実現に向けて－」（2023年3月30日更新）を参考として作成。

正解　(2)

## 〔問－110〕 トランジション・ファイナンス

トランジション・ファイナンスの説明として，適切でないものは次のうちどれですか。

(1) トランジション・ファイナンスは，気候変動への適応策としてインフラ整備を必要としている政府・地方自治体を財政的に支援する金融手法である。

(2) 資金調達者がパリ協定と整合した長期目標を実現するための戦略を明確に求められる。

(3) トランジション・ファイナンスで調達した資金の使途は，設備投資以外に，業務費や運営費，設備の解体・撤去費用など幅広く想定されている。

### 解説＆正解

　サステナブル経営に取り組む企業に対する投融資や金融商品の提供による支援には，グリーンボンド／ローン，ソーシャルボンド／ローン，サステナビリティ・ボンド／ローン，サステナビリティ・リンク・ボンド／ローン，トランジション・ファイナンス，寄付型ローン／私募債，寄付型預金，クラウドファンディング，補助金の取得のような様々なアプローチがある。こうした対応には，金融機関自身による対象企業の取組みの評価が前提となる。実行時にプレスリリースなどを行えば，取引先と金融機関の取組みの『見える化』につながる。

(1) トランジション・ファイナンスとは，「気候変動への対策を検討している企業が，脱炭素社会の実現に向けて，長期的な戦略に則った温室効果ガス削減の取組を行っている場合にその取組を支援することを目的とした金融手法」をいう。したがって，(1)は適切でない。

(2) トランジション・ファイナンスは，「資金調達者がパリ協定と整合した長期目標を実現するための戦略を明確に求められるという点において，より将来に対して野心的な取組を担保する主体へのファイナンス」であり，以下の「トランジション」の4要素を満たす必要がある。

① 資金調達者のクライメート・トランジション戦略とガバナンス
② ビジネスモデルにおける環境面のマテリアリティ（重要度）
③ 科学的根拠のあるクライメート・トランジション戦略（目標と経路を含む）
④ 実施の透明性

したがって，(2)は適切である。

(3) トランジション戦略は，「パリ協定の目標に整合した長期目標，短中期目標，脱炭素化に向けた開示，戦略的な計画を組み込むべき」であるとされている。資金の使途としては，設備投資だけでなく，業務費や運営費，研究開発関連費用（R&D），M&A，設備の解体・撤去費用など幅広く想定されている。したがって，(3)は適切である。

●トランジション・ファイナンスの概念と位置づけ

### トランジション・ファイナンス（概念）

### 「トランジション」ラベルの対象

①トランジションの4要素を満たし、資金使途を特定したボンド/ローン（資金使途がグリーンプロジェクト（※）には当たらないが、プロセス等は既存の原則、ガイドラインに従う）

②トランジションの4要素を満たし、トランジション戦略に沿った目標設定を行い、その達成に応じて借入条件等が変動する資金使途不特定のボンド/ローン（プロセス等は既存の原則、ガイドラインに従う）

③トランジションの4要素を満たし、既存のグリーンボンド原則、グリーンボンドガイドラインに沿ったもの（資金使途がグリーンプロジェクト（※）に当たるもの）

※ グリーンプロジェクト：既存のグリーンボンドガイドラインにグリーンプロジェクトとして例示あるもの、また発行実績のあるもの

上記①～③に限らず、トランジション要素を満たす金融商品はトランジション・ファイナンスとなり得る（ただし、準拠する原則等がないためここでは取り上げてない）。

出典：金融庁・経済産業省・環境省「クライメート・トランジション・ファイナンスに関する基本指針」（2021年5月）

正解 （1）

## 〔問-111〕CDP による環境情報開示要請

CDP による環境情報開示要請の説明として，適切でないものは次のうちどれですか。

(1) CDP による上場企業等に対する環境情報開示要請への回答は，義務ではない。

(2) 2022年度より，東証プライム市場上場全企業が気候変動分野の環境情報開示要請対象となった。

(3) CDP から直接開示要請を受けていない企業は，回答することができない。

### 解説＆正解

(1) CDP（旧称カーボン・ディスクロージャー・プロジェクト）は，英国の非政府組織（NGO）であり，2000年に発足した。CDPは機関投資家等の要請を受けて企業に質問書を送付するが，これに回答する義務はない。企業の回答情報は採点され，個別の採点結果（A/A-/B/B-/C/C-/D/D-）および回答内容はCDPのWEBサイトで公表される。無回答の場合，採点結果はFとして表示される。したがって，(1)は適切である。

(2) 2022年4月から東京証券取引所の市場区分が見直され，プライム，スタンダード，グロースの3市場に再編された。これに伴い，日本企業については，2022年度から気候変動分野の開示要請の対象企業を，東京証券取引所のプライム上場企業全体に拡大している。したがって，(2)は適切である。

　なお，気候変動分野以外に，フォレスト（森林），ウォーター（水），プラスチック，生物多様性の質問書がある（2024年質問集）。

(3) CDPから直接要請を受けていない企業も自主的に回答することは可能である。また，CDPから開示要請を受けた企業を通じて間接的に，サプライチェーン構成企業に開示要請が行われた場合は，「CDPサプライチェーン」プログラムにより回答することができる。したがって，(3)は適切でない。

以上，CDPジャパンのウェブサイトを参考に作成。

正解　(3)

─── 〔問−112〕 **国際的なサステナビリティ開示基準の動向** ───

　国際的なサステナビリティ開示基準の動向に関する記述として，適切なものは次のうちどれですか。

(1)　SSBJ（サステナビリティ基準委員会）基準は，2023年6月にS1号・S2号を公表した。

(2)　ISSB（国際サステナビリティ基準審議会）基準の国内適用は，2025年3月期から始まる。

(3)　TCFD（気候関連財務情報開示タスクフォース）は，その使命を果たしたとして2023年10月に解散した。

**解説&正解**

　国際的なサステナビリティ開示基準に関する経過・予定は，以下のようになっている（2024年6月時点）。

● 2017年6月：TCFD（気候関連財務情報開示タスクフォース：Task Force on Climate-related Financial Disclosures）最終提言公表
　・「ガバナンス」，「戦略」，「リスク管理」，「指標と目標」の4本柱の開示フレームを確立

● 2021年11月：国際会計基準（IFRS）財団が国際サステナビリティ基準審議会（ISSB）を設立

● 2022年7月：日本では，公益財団法人財務会計基準機構にSSBJ（サステイナビリティ基準委員会）を設立

● 2023年6月：ISSBが国際的なサステナビリティ開示基準（ISSB基準）を公表（TCFD提言の開示フレームを踏襲）
　・「サステナビリティ関連財務情報の開示に関する全般的要求事項」（IFRS S1号）
　・「気候関連開示」（IFRS S2号）

● 2023年10月：使命を終えたとしてTCFDは解散（IFRS財団が役割を継承）
　・2023年10月12日現在，TCFDに対して，世界全体では金融機関をはじめとする4,872の企業・機関，日本では1,470の企業・機関が賛同を表明

●2024年3月：SSBJがISSB基準の国内適用草案（SSBJ基準案）を公表（2024年7月末まで意見募集）

・サステナビリティ開示ユニバーサル基準公開草案「サステナビリティ開示基準の適用（案）」（適用基準（案））

・サステナビリティ開示テーマ別基準公開草案第1号「一般開示基準（案）」（一般基準(案)）

・サステナビリティ開示テーマ別基準公開草案第2号「気候関連開示基準（案）」（気候基準（案））

●2025年3月：SSBJ基準の確定（予定）

●以降の国内適用スケジュール等については，金融審議会「サステナビリティ情報の開示と保証のあり方に関するワーキング・グループ」で検討

　以上より，(1)，(2)は適切でなく，(3)は適切であり，(3)が本問の正解である。

SSBJ（サステナビリティ基準委員会），経済産業省（気候変動に関連した情報開示の動向（TCFD）），日本取引所グループ（ESG情報開示枠組みの紹介）等のWEBサイトを参考として作成。

正解　(3)

## 〔問－113〕 温室効果ガス排出量の算定・報告・公表制度

温室効果ガス排出量の算定・報告・公表制度に関する説明として，適切なものは次のうちどれですか。

(1) 中小企業以外の全ての事業者に，自らの温室効果ガスの排出量を算定し，国に報告することが義務付けられている。

(2) 報告の対象となる温室効果ガスは，日本全体の排出量の9割以上を占めるエネルギー起源$CO_2$のみである。

(3) 工場・店舗・事務所等の固定発生源だけでなく，自動車・鉄道・航空機等の移動発生源からの$CO_2$排出も対象である。

### 解説＆正解

(1) 改正された地球温暖化対策の推進に関する法律（温対法）に基づき，2006年4月1日から，温室効果ガスを多量に排出する者（特定排出者）に，自らの温室効果ガスの排出量を算定し，国に報告することが義務付けられている。報告された排出量等の情報は，国が事業者別・業種別・都道府県別に集計し公表している。したがって，(1)は適切でない。

(2) 対象となる温室効果ガスは，エネルギー起源$CO_2$，非エネルギー起源$CO_2$，メタン（$CH_4$），一酸化二窒素（$N_2O$），ハイドロフルオロカーボン類（HFC），パーフルオロカーボン類（PFC），六ふっ化硫黄（$SF_6$），三ふっ化窒素（$NF_3$）である。したがって，(2)は適切でない。

(3) ガソリン・軽油等，輸送に伴うエネルギー起源$CO_2$も報告対象に含まれる。また，一定以上の輸送能力を有する貨物輸送事業者・旅客輸送事業者・航空輸送事業者，一定以上の貨物の輸送量を特定荷主が，特定輸送排出者として報告の対象となっている。したがって，(3)は適切である。

## ●算定・報告・公表制度の対象となる温室効果ガス・事業者

【特定事業所排出者】

| 温室効果ガスの種類 | 対象者（特定排出者） |
|---|---|
| エネルギー起源二酸化炭素（エネルギー起源 $CO_2$）<br>　［燃料の燃焼、他人から供給された電気または熱の使用に伴い排出される $CO_2$］ | ・全ての事業所のエネルギー使用量合計が原油換算 1,500kℓ／年以上となる事業者<br>・原油換算エネルギー使用量が 1,500kℓ／年以上となる事業所を設置している場合には、当該事業所の排出量も内訳として報告 |
| 非エネルギー起源 $CO_2$ ［上記以外の $CO_2$］<br>　［原油生産、セメント製造、廃棄物焼却等に伴い排出される $CO_2$］<br>メタン（$CH_4$）<br>　［農業、燃料燃焼、廃棄物埋立等］<br>一酸化二窒素（$N_2O$）<br>　［農業、燃料燃焼、廃棄物焼却等］<br>ハイドロフルオロカーボン類（HFC）<br>　［HCFC-22 製造、冷媒 HFC の封入等］<br>パーフルオロカーボン類（PFC）<br>　［半導体製造、洗浄剤・溶剤等］<br>六ふっ化硫黄（$SF_6$）<br>　［電気絶縁ガス、半導体製造、金属生産等］<br>三ふっ化窒素（$NF_3$）注<br>　［半導体製造等］ | 次の①及び②の要件を満たす者<br><br>①算定の対象となる事業活動が行われており、温室効果ガスの種類ごとに、全ての事業所の排出量の合計が $CO_2$ 換算で 3,000t 以上となる事業者<br>②事業者全体で常時使用する従業員の数が 21 人以上<br><br>・温室効果ガスの種類ごとに排出量が $CO_2$ 換算で 3,000t 以上となる事業所を設置している場合には、当該事業所の排出量も内訳として報告 |

注）三ふっ化窒素（$NF_3$）については、平成 27 年度排出量から算定・報告の対象となっています。

【特定輸送排出者】

| 温室効果ガスの種類 | 対象者（特定排出者） |
|---|---|
| エネルギー起源二酸化炭素（エネルギー起源 $CO_2$）<br>　［燃料の燃焼、他人から供給された電気または熱の使用に伴い排出される $CO_2$］ | 省エネルギー法で次に指定される事業者<br>・特定貨物輸送事業者注1<br>・特定旅客輸送事業者注2<br>・特定航空輸送事業者注3<br>・特定荷主注4 |

注1：貨物輸送用の鉄道 300 両以上、自動車（トラック等）200 台以上、船舶（総トン数）20,000 トン以上のいずれかの輸送能力を有する事業者
注2：旅客輸送用の鉄道 300 両以上、バス 200 台以上、タクシー 350 台以上、船舶（総トン数）20,000 トン以上のいずれかの輸送能力を有する事業者
注3：航空機の総最大離陸重量が 9,000 トン以上の輸送能力を有する事業者
注4：自らの事業活動に伴って委託あるいは自ら輸送している貨物の輸送量が年間 3,000 万トンキロ以上の事業者

出典：環境省・経済産業省「地球温暖化対策の推進に関する法律に基づく温室効果ガス排出量算定・報告・公表制度による令和元（2019）年度温室効果ガス排出量の集計結果」（令和 4 年 12 月 13 日）をもとに作成

正解　（3）

コーポレートガバナンス・コードに関する記述として，適切でないものは次のうちどれですか。

(1) コーポレートガバナンス・コードは，上場企業に対し，サステナビリティを巡る課題に対し，中長期的な企業価値の向上の観点から積極的・能動的に取り組むよう求めている。

(2) 上場企業の経営戦略の開示にあたっては，自社のサステナビリティについての取組みを適切に開示することを求めている。

(3) 気候関連情報については，全ての上場企業に対してTCFD提言にもとづく開示を求めている。

### 解説＆正解

(1) コーポレートガバナンス・コードは，東京証券取引所が実効的なコーポレートガバナンスの実現に資する主要な原則をとりまとめたものである（2021年6月改訂版）。基本原則2において，「サステナビリティ（ESG要素を含む中長期的な持続可能性）が重要な経営課題であるとの意識が高まっている。こうした中，我が国企業においては，サステナビリティ課題への積極的・能動的な対応を一層進めていくことが重要である」との考え方を示した上で，原則2−3で「上場会社は，社会・環境問題をはじめとするサステナビリティを巡る課題について，適切な対応を行うべきである」としている。

この「適切な対応」については，補充原則2−3①で「取締役会は，気候変動などの地球環境問題への配慮，人権の尊重，従業員の健康・労働環境への配慮や公正・適切な処遇，取引先との公正・適正な取引，自然災害等への危機管理など，サステナビリティを巡る課題への対応は，リスクの減少のみならず収益機会にもつながる重要な経営課題であると認識し，中長期的な企業価値の向上の観点から，これらの課題に積極的・能動的に取り組むよう検討を深めるべきである」としている。したがって，(1)は適切である。

(2)　補充原則３－１③では，「上場会社は，経営戦略の開示にあたって，自社のサステナビリティについての取組みを適切に開示すべきである。また，人的資本や知的財産への投資等についても，自社の経営戦略・経営課題との整合性を意識しつつ分かりやすく具体的に情報を開示・提供すべきである。」としている。したがって，(2)は適切である。

(3)　同じく補充原則３－１③では，「特にプライム市場上場会社は，気候変動に係るリスク及び収益機会が自社の事業活動や収益等に与える影響について，必要なデータの収集と分析を行い，国際的に確立された開示の枠組みであるTCFDまたはそれと同等の枠組みに基づく開示の質と量の充実を進めるべきである」として，気候変動関連情報の開示を求めている。したがって，(3)は適切でない。

正解　(3)

〔問－115〕 有価証券報告書等におけるサステナビリティ情報の開示

企業内容等の開示に関する内閣府令等の改正による，有価証券報告書等における企業のサステナビリティ情報の開示に関する説明として，適切なものは次のうちどれですか。

(1) 有価証券報告書等におけるサステナビリティ情報の開示は，2024年3月期決算企業から適用される。

(2) サステナビリティ情報の「記載欄」では，全ての企業に「ガバナンス」「リスク管理」「戦略」「指標及び目標」の開示が求められる。

(3) 気候変動対応が重要であると判断される場合は，同記載欄において開示することが期待される。

**解説＆正解**

(1) 2023年1月31日，企業内容等の開示に関する内閣府令等の改正により，2023年3月期決算企業から，有価証券報告書等において，「サステナビリティに関する考え方及び取組」の記載欄を新設し，サステナビリティ情報の開示が求められることとなった。したがって，(1)は適切でない。

(2) 有価証券報告書におけるサステナビリティ情報の「記載欄」では，「ガバナンス」および「リスク管理」については全ての企業が開示し，「戦略」および「指標及び目標」については各企業が重要性を判断して開示する。したがって，(2)は適切でない。

(3) 金融審議会「ディスクロージャーワーキング・グループ」報告（令和4年6月13日）において，以下のように記載されている。したがって，(3)は適切である。

○現時点においては，有価証券報告書に設けるサステナビリティ情報の「記載欄」において，企業が，業態や経営環境等を踏まえ，気候変動対応が重要であると判断する場合，「ガバナンス」，「戦略」，「リスク管理」，「指標と目標」の枠で開示することとすべきである。

○「指標と目標」の枠で開示することが考えられる GHG 排出量に関

気候変動対策の重要性、排出量算定、削減目標に関する理解等

しては，ISSB の気候関連開示基準案や米国 SEC の気候関連開示規
則案において開示が求められるなど，国際的にも気候変動に関する
指標として確立しつつある。……（略）……GHG 排出量は，投資家
と企業の建設的な対話に資する有効な指標となっている。

〇各企業の業態や経営環境等を踏まえた重要性の判断を前提としつ
つ，特に，Scope1・Scope2 の GHG 排出量について，企業において
積極的に開示することが期待される。

以上，金融庁ウェブサイト「サステナビリティ情報の開示に関する特集ペ
ージ」，金融審議会「ディスクロージャーワーキング・グループ」報告（令和
4年6月13日）をもとに作成。

**正解** (3)

─〔問－116〕デコ活─

デコ活（脱炭素につながる新しい豊かな暮らしを創る国民運動）に関する記述として，適切でないものは次のうちどれですか。

(1) デコ活とは，脱炭素につながる新しい豊かな暮らしの実現に向けた国民の行動変容・ライフスタイル転換のうねり・ムーブメントを起こすべく，新しい国民運動を開始し，世界に発信するものである。

(2) 国民・消費者目線で，脱炭素につながる豊かな暮らしの道筋（課題と仕掛け）を全領域（衣食住・職・移動・買物）で明らかにし官民連携により行動変容・ライフスタイル転換を促進するものである。

(3) 令和6年度の一般会計，エネルギー対策特別会計におけるデコ活関係予算の合計は，1兆円となっている。

**解説＆正解**

デコ活とは，デ：電気も省エネ 断熱住宅，コ：こだわる楽しさ エコグッズ，カ：感謝の心 食べ残しゼロ，ツ：つながるオフィス テレワーク，からはじまる，脱炭素につながる新しい豊かな暮らしの実現に向けた国民の行動変容・ライフスタイル転換のうねり・ムーブメントを起こすべく，新しい国民運動を開始し，世界に発信するものである。したがって，(1)は適切である。

デコ活は，国民・消費者目線で，脱炭素につながる豊かな暮らしの道筋（課題と仕掛け）を全領域（衣食住・職・移動・買物）で明らかにし官民連携により行動変容・ライフスタイル転換を促進するものである。したがって，(2)は適切である。

なお，令和6年度の一般会計，エネルギー対策特別会計におけるデコ活関係の当初予算の合計は，2,940億円である。したがって，(3)は適切でない。

正解 (3)

気候変動対策の重要性、排出量算定、削減目標に関する理解等

## ●参考資料一覧

○国連 The Global Compact「Who Cares Wins」

○国連環境計画 Finance Initiative「The Asset Management Working Group Innovative financing for sustainability Finance Initiative What, why, who?」

○国連 PRI
・「Signatory Update」
・「責任投資原則」

○経済産業省
・「循環経済ビジョン 2020」（2020 年 5 月）
・「2050 年カーボンニュートラルに伴うグリーン成長戦略」（令和 3 年 6 月 18 日）
・「グリーンイノベーション基金事業の基本方針」（令和 5 年 2 月）
・「【改訂版】ダイバーシティ経営診断シートの手引き　多様な個を活かす経営へ〜ダイバーシティ経営への第一歩〜」
・「サステナブルな企業価値創造に向けた対話の実質化検討会 中間取りまとめ 〜サステナビリティ・トランスフォーメーション（SX）の実現に向けて〜」（2020 年 8 月 28 日）
・「SDGs 経営ガイド」（2019 年 5 月）
・「エネルギー利用環境負荷低減事業適応計画（カーボンニュートラルに向けた投資促進税制）の申請方法・審査のポイント」（2022 年 4 月）環境経済室

○経済産業省ヘルスケア産業課「健康経営の推進について」（令和 3 年 10 月）

○経済産業省ウェブサイト
・「ESG 投資」
・「企業会計，開示，CSR（企業の社会的責任）政策」
・「ビジネスと人権〜責任あるバリューチェーンに向けて〜」
・「ダイバーシティ経営の推進について」
・「『SDGs 経営ガイド』を取りまとめました」
・「『サステナブルな企業価値創造に向けた対話の実質化検討会』中間取りまとめを行いました」
・「カーボンニュートラル実現に向けたトランジション推進のための金融支援制度（利子補給事業等）」
・「中小企業支援機関によるカーボンニュートラル・アクションプラン」
・「ミラサポ plus」（中小企業向け補助金・総合支援サイト）

○資源エネルギー庁「エネルギー白書 2022」
○資源エネルギー庁ウェブサイト「再生可能エネルギーとは」

○外務省ウェブサイト
・「仮訳　我々の世界を変革する：持続可能な開発のための 2030 アジェンダ」
・「持続可能な開発（Sustainable Development）」
・「気候変動」
・「ジャパン SDGs アワード」

○ GRI，国連グローバル・コンパクト，WBCSD
・「SDG Compass　SDGs の企業行動指針 – SDGs を企業はどう活用するか」

○国立環境研究所ウェブサイト「循環・廃棄物の豆知識」

○日本規格協会 Web 通販サイト「ISO 26000 を理解する」

○環境省
・「国連環境開発会議（地球サミット：1992 年，リオ・デ・ジャネイロ）環境と開発に関するリオ宣言」
・「SBT（Science Based Targets）について」
・「グリーンボンドガイドライン グリーンローン及びサステナビリティ・リンク・ローンガイドライン 2020 年版」

- 「すべての企業が持続的に発展するために－持続可能な開発目標 (SDGs) 活用ガイド－［第 2 版］」（令和 2 年 3 月）
- 「環境表示ガイドライン【平成 25 年 3 月版】」
- 「グリーン購入法の特定調達物品等における表示の信頼性確保に向けて」
- 「サプライチェーン排出量算定の考え方」
- 「ESG 地域金融実践ガイド 2.1～ESG 要素を考慮した事業性評価に基づく融資・本業支援のすすめ」（2022 年 3 月）
- 「第 1 作業部会報告書の解説資料」（2023 年 5 月暫定版）
- 「改訂版　民間企業の気候変動適応ガイド－気候リスクに備え、勝ち残るために－」（2022 年 3 月）
- 「中小規模事業者向けの脱炭素経営導入ハンドブック」
- 「サプライチェーン排出量　概要資料」2023 年 3 月 16 日リリース
- 「サプライチェーンを通じた温室効果ガス排出量算定に関する基本ガイドライン Ver.2.5」（2023 年 3 月リリース）
- 「2030 年目標に向けた検討」（2021 年 3 月 24 日）
○環境省ウェブサイト
- 「パリ協定の概要」
- 「京都議定書の概要」
- 「カーボンニュートラルとは」
- 「グリーン・バリューチェーンプラットフォーム　サプライチェーン排出量算定から脱炭素経営へ」
- 「『ESG 地域金融実践ガイド 2.0』の公表について」（令和 3 年 3 月 30 日）
- 「RE100 詳細資料」（2022 年 3 月 17 日）
- 「持続可能な開発目標（SDGs）の推進」
- 「温室効果ガス排出量　算定・報告・公表制度」算定方法・排出係数一覧
- 「脱炭素化事業支援情報サイト（エネ特ポータル）」
- 「脱炭素ポータル」脱炭素化支援機構が設立されました（2021 年 12 月 24 日）
○環境省・国立環境研究所
- 「2021 年度（令和 3 年度）の温室効果ガス排出・吸収量（確報値）について」
○環境省・経済産業省
- 「地球温暖化対策の推進に関する法律に基づく温室効果ガス排出量算定・報告・公表制度による令和元 (2019) 年度温室効果ガス排出量の集計結果」（令和 4 年 12 月 13 日）
○一般社団法人グローバル・コンパクト・ネットワーク・ジャパンのウェブサイト
- 「国連グローバル・コンパクトについて」
- 「よくある質問－『グローバル・コンパクト』の名前の由来と意味について教えてください」
- 「署名企業・団体に求められること」
- 「CSR 調達・持続可能な調達」
- 「国連グローバル・コンパクト　4 分野 10 原則の解説」
○一般社団法人グローバル・コンパクト・ネットワーク・ジャパン「持続可能な世界実現のためのお役立ちシリーズ　CSR 調達入門書－サプライチェーンへの CSR 浸透－」（2018 年 9 月 1 日第 2 版）
○ CDP ジャパン「680 を超える金融機関（資産総額 130 兆米ドル超）の要請を受け，世界中の約 10,400 社が CDP を通じた環境情報開示を求められる～日本の署名金融機関は昨年から大幅増加，要請対象となる日本企業もプライム市場全社に拡大へ～」（2022 年 3 月 14 日）
○一般社団法人日本経済団体連合会
- 「企業行動憲章 実行の手引き」
- 「人権を尊重する経営のためのハンドブック」
○一般社団法人日本経済団体連合会ウェブサイト「Society5.0 - ともに創造する未来 - 」
○一般社団法人 日本経済団体連合会，国立大学法人東京大学，年金積立金管理運用独立行政法人「ESG 投資の進化，Society5.0 の実現，そして SDGs の達成へ－課題解決イノベーションへの投資　促進－」

○ TCFD コンソーシアムのウェブサイト「TCFD とは」

○気候関連財務情報開示タスクフォース「最終報告書 気候関連財務情報開示タスクフォースによる提言」（2017 年 6 月）

○ TCFD コンソーシアム「気候関連財務情報開示 に関するガイダンス 2.0」

○東京証券取引所「コーポレートガバナンス・コード～会社の持続的な成長と中長期的な企業価値の向上のために～」

○市民参加者との協議のためのプロトタイプ「TNFD 自然関連リスクと 機会管理・情報開示 フレームワーク エグゼクティブサマリー」（2022 年 3 月）

○ A Prototype for Consultation with Market Participants「The TNFD Nature-related Risk & Opportunity Management and Disclosure Framework Beta v0.1 Release」

○ GSG 国内諮問委員会ウェブサイト「インパクト投資とは」

○ GSG 国内諮問委員会「インパクト投資拡大に向けた提言書 2019」（2020 年 4 月）

○国連開発計画（UNDP）駐日代表事務所ウェブサイト「UNDP の活動 SDG インパクト」

○国連開発計画（UNDP）SDG Impact「企業・事業体向け SDG インパクト基準」（実践のための 12 の行動）

○ SDGs 推進本部「SDGs 実施指針改訂版」「SDGs アクションプラン 2022 ～全ての人が生きがいを感じられる，新しい社会へ」（令和 3 年 12 月）

○金融庁

・「サステナブルファイナンス有識者会議 報告書 持続可能な社会を支える金融システムの構築（2021 年 6 月 18 日）」

○金融庁ウェブサイト

・「サステナブルファイナンス有識者会議」

・「脱炭素等に向けた金融機関等の取組み」

・「サステナビリティ情報の開示に関する特集ページ」

○地方創生 SDGs 金融調査・研究会「地方公共団体のための地方創生 SDGs 登録・認証等制度ガイドライン 2020 年度【第一版】」（2020 年 10 月）

○内閣府 地方創生 SDGs 金融庁調査・研究会「地域創生 SDGs 金融を通じた自律的好循環形成に向けて」（2021 年 11 月 16 日）

○地方創生ウェブサイト「第 1 回地方創生 SDGs 金融表彰 受賞団体一覧」

○一般社団法人全国銀行協会

・「全銀協 SDGs レポート 2021-2022」

・「2021 年度活動の総括および 2022 年度の SDGs の主な取組項目について」

・「カーボンニュートラルの実現に向けた全銀協イニシアティブ」概要（2023 年 2 月）

・「気候変動問題への銀行界の取組みについて－産業界と一体となった脱炭素化の実現に向けて－」（2023 年 3 月 30 日更新）

○再エネ 100 宣言ウェブサイト

○公益財団法人東京オリンピック・パラリンピック競技大会組織委員会ウェブサイト「持続可能性に配慮した調達コード」

○公益社団法人 2025 年日本国際博覧会協会ウェブサイト「2025 年日本国際博覧会 持続可能性有識者会議（第 1 回）」

○グリーン購入ネットワーク（GPN）ウェブサイト「持続可能な調達アクションプログラム」「持続可能な調達アクションプログラムとは」

○中小企業庁

・「中小企業等経営強化法に基づく支援措置活用の手引き（令和 4 年度税制改正対応版）」

・「経営改革計画 進め方ガイドブック 2022 年版」

○中小企業庁ウェブサイト

・「中小企業白書」（第 3 部中小企業・小規模事業者が担う我が国の未来）

・「認定経営革新等支援機関」「国の補助事業等において必要とされる認定支援機関（経営革新等支援機関）の役割について」
○日本証券業協会
・「SDGs に貢献する金融商品に関するガイドブック」
・「SDGs レポート」
○日本証券業協会ウェブサイト「SDGs 債について」
○一般財団法人 持続性推進機構ウェブサイト「エコアクション 21」
○厚生労働省「行動計画策定指針（抄）(平成 26 年 11 月告示，令和 3 年 2 月改正)」
○厚生労働省ウェブサイト
・「女性活躍推進法特集ページ（えるぼし認定・プラチナえるぼし認定）」
・「くるみんマーク・プラチナくるみんマーク・トライくるみんマークについて」
○厚生労働省 都道府県労働局雇用環境・均等部（室）
・「女性活躍推進法に基づく一般事業主行動計画を策定しましょう！」
○独立行政法人中小企業基盤整備機構
・「中小機構における SDGs への取組方針」（令和 3 年 3 月）
・「中小企業のための SDGs 活用ガイドブック（第 2 版）」
○内閣府ウェブサイト「Society5.0 とは」
○金融庁・経済産業省・環境省
・「クライメート・トランジション・ファイナンスに関する基本指針」（2021 年 5 月）
○電通
・「SDGs Communication Guide」
・「サステナビリティ・コミュニケーションガイド　実践的チェックリストと背景となる社会の変化」
○ Michael E. Porter, Mark R. Kramer "Creating Shared Value" Harvard Business Review, January-February 2011
○ The Future of Sustainability, IUCN 2006
○経済法令研究会
・「SDGs・ESG の取組みに貢献するための取引先のサステナブル経営をサポートするコース　TEXT」
○株式会社グリーン・パシフィック「気候関連財務情報開示タスクフォースの提言（最終報告書）」（2017 年 6 月）
○株式会社脱炭素化支援機構「株式会社脱炭素化支援機構の投資規程及び投資判断に必要な情報項目について」（令和 4 年 12 月 26 日）
○株式会社脱炭素化支援機構ウェブサイト「スキーム」
○ United Nations Environment Programme (2022). Emissions Gap Report 2022: The Closing Window — Climate crisis calls for rapid transformation of societies.
○ EIC ネット環境用語集「カーボンバジェット」
○東京都ウェブサイト「HTT(減らす・創る・蓄める)を進めよう！」
○ものづくり補助事業公式ホームページ
・「ものづくり・商業・サービス生産性向上促進補助金」第 15 次締切分公募要領様式 3
○日本政策金融公庫ウェブサイト
・各種書式ダウンロード国民生活事業「二酸化炭素排出量集計表」
○日本証券取引所グループ（JPX）ウェブサイト「ESG 情報開示枠組みの紹介」
○金融審議会「ディスクロージャーワーキング・グループ」報告（2022 年 6 月）
○サステナビリティ基準委員会
・「サステナビリティ基準委員会の運営方針」（2022 年 11 月 24 日）
・「現在開発中のサステナビリティ開示基準に関する今後の計画」（2023 年 4 月 6 日）

●執筆者紹介

# 西原　弘 （にしはら　ひろし）

**有限会社サステイナブル・デザイン　代表取締役**

学生時代の 1990 年以来，「サステイナブル」をライフワークとし，中小企業から上場企業まで，経営計画・事業開発・資金対策・人材育成・情報開示の面からサステイナビリティ経営を支援している。

## 【略歴】

| | |
|---|---|
| 1991 年 3 月 | 東京大学文学部卒業 |
| 1991 ～ 2002 年 | 株式会社三菱総合研究所研究員 |
| 2002 年 12 月 | 有限会社サステイナブル・デザイン（https://sustainabilityaction.jp/）を設立（2017 年度～認定経営革新等支援機関） |
| 2021 年 12 月～ | サステイナビリティ経営人材養成講座（https://sdgsnavi.jp/）開講 |

## 【役職等】

| | |
|---|---|
| 2003 年度～ | NPO 法人東京城南環境カウンセラー協議会理事（2010 年度～専務理事） |
| 2005 年度～ | NPO 法人日本ガラパゴスの会理事（2005 ～ 2010 年度事務局長） |
| 2012 年度～ | グリーン購入ネットワーク理事 |
| 2020 年度～ | 青山学院大学 SDGs ／ CE パートナーシップ研究所客員研究員 |

## 【資格・登録等】

キャッシュフローコーチ，技術士（衛生工学部門），エコアクション 21 審査員，環境カウンセラー（市民部門）

**新2版　サステナブル経営サポート**
**（環境省認定制度 脱炭素アドバイザー ベーシック）対策問題集**

| | | | |
|---|---|---|---|
| 2023年10月23日 | 新版第 1 刷発行 | 編　者 | 経 済 法 令 研 究 会 |
| 2023年12月5日 | 第 2 刷発行 | 発行者 | 髙 橋 春 久 |
| 2024年5月21日 | 第 3 刷発行 | 発行所 | ㈱経済法令研究会 |
| 2024年7月29日 | 新 2 版第 1 刷発行 | | |

〒162-8421　東京都新宿区市谷本村町3-21
電話　代表03（3267）4811　制作03（3267）4823
https://www.khk.co.jp/

営業所／東京 03（3267）4812　大阪 06（6261）2911　名古屋 052（332）3511　福岡 092（411）0805

表紙・本文デザイン・組版／田中真琴　印刷／日本ハイコム㈱　製本／㈱ブックアート